성 경 적   치 유 와   구 원 의   신 학

성경과 치유

성 경 적 치 유 와 구 원 의 신 학

성경과 치유

정형철 지음

목차

007   머리말

013   1 » 2 » 3 » 4 » 5 » 6 » 7 » 8 » 9 » 10 » 11 » 12 » 13
             14 » 15 » 16 » 17 » 18 » 19 » 20 » 21 » 22 » 23 » 24
             25 » 26 » 27 » 28 » 29 » 30 » 31 » 32 » 33 » 34 » 35
             36 » 37 » 38 » 39 » 40 » 41 » 42 » 43 » 44 » 45 » 46
             47 » 48 » 49 » 50 » 51 » 52 » 53 » 54 » 55 » 56 » 57
             58 » 59 » 60 » 61 » 62 » 63 » 64 » 65 » 66 » 67 » 68
             69 » 70 » 71 » 72 » 73 » 74 » 75 » 76 » 77 » 78 » 79
             80 » 81 » 82 » 83 » 84 » 85 » 86 » 87 » 88 » 89 » 90
             91 » 92 » 93 » 94 » 95 » 96 » 97 » 98 » 99 » 100 » 101

139   인용문헌

머리말

그리스도인이 되기 위해 노력하고 있는 내가 『성경과 치유』라는 제목으로 이 책을 쓸 계획을 세운 것은 우선 나 자신의 성경 공부의 방향과 치유의 방법을 찾고 싶은 마음 때문이었다. 그리고 12년 동안 혈루병을 앓았던 여인이 예수(예수아)의 옷자락만이라도 만지면 구원을 받을 수 있을 것이라고 믿었다는 일화와 함께 성경에서의 치유 사례들을 살펴보고 성경적 치유와 구원에 대해 알아보고 싶은 마음 때문이기도 했다.

> 이에 열두 해를 혈루증으로 앓는 중에 아무에게도 고침을 받지 못하던 여자가 예수의 뒤로 와서 그의 옷 가에 손을 대니 혈루증이 즉시 그쳤더라 예수께서 이르시되 내게 손을 댄 자가 누구냐 하시니 다 아니라 할 때에 베드로가 이르되 주여 무리가 밀려들어 미나이다 예수께서 이르시되 내게 손을 댄 자가 있도다 이는 내게서 능력이 나간 줄 앎이로다 하신대 여자가 스스로 숨기지 못할 줄 알고 떨며 나아와 엎드리어 그 손 댄 이유와 곧 나은 것을 모든 사람 앞에서 말하니 예수께서 이르시되 딸아 네 믿음이 너를 구원하였으니 평안히 가라 하시더라(누가복음 8:43-48).

예수께서 그 여인에게 "네 믿음이 너를 구원하였으니"라고 말씀하신 것과 같이 그분의 "옷자락"만 만져도 병이 나을 것이라고 여긴 믿음이 그 여인을 낫게 한 것이라고 보아야 한다. 물론 양자물리학의 미립자에 대한 설명을 응용하여, 그 "옷자락"을 구성하는 미립자들이 예수님의 권능을 믿는 그 여인의 마음에 의해 치유력을 지닌 미립자들로 변화되었던 것이라고 "과학적으로" (혹은 "유사과학적으로") 말해 볼 수도 있겠지만, 궁극적으로 하나님 (하느님)과 그리스도 (메시아)의 사랑 때문에 치유와 구원이 이루어졌다고 보는 것이 맞다.

나는 성경으로부터의 인용을 최대한 많이 담으려고 한 이 책의 부제인 "성경적 치유와 구원의 신학"을 중심으로 계속 성경 읽기를 할 생각이다. 성경 읽기는 다른 책들 읽기와 달리 하나님의 말씀을 직접 듣는 과정이 되어야 한다. 나는 그러한 성스러운 읽기, 즉 렉시오 디비나*lectio divina*를 통해 예수께 가깝게 다가갈 수 있기를 희망한다. 예수께서

> 너희가 성경에서 영생을 얻는 줄 생각하고 성경을 연구하거니와 이 성경이 곧 내게 대하여 증언하는 것이니라 그러나 너희가 영생을 얻기 위하여 내게 오기를 원하지 아니하는도다(요한복음 5:39-40).

라고 그 당시 유대인들에게 말씀하신 것과 같이, 성경적 치유에 대해 관심을 가지게 된 사람들은 궁극적으로 예수께 가깝게 다가가야 한다.

> "선생님은 진리가 무엇이라고 생각하시나요?"

라고 해변에서 어싱하면서 알게 된, 여러 해 동안 명상하신다는 분이 질문을 던졌을 때 나는

> "진리는 그리스어로 '알레테이아'*aletheia*인데, 은폐나 망각을 뜻하는 '레테'*lethe*에 부정의 접두사 'a'가 붙은 것으로서 망각이 아닌 상태, 즉

각성이나 기억을 뜻합니다.”

라고 “진리”라는 개념에 대해 학생들에게 강의하듯이 설명한 후에, 파도에 휩쓸려 온 특이한 모양의 조개껍데기를 집어 올리고 더 이상 말하지 않았다. 그날 집으로 돌아오는 차 안에서 나는 예수께서

내가 곧 길이요 진리요 생명이니 나로 말미암지 않고는 아버지께로 올 자가 없느니라(요한복음 14:6).

라고 하신 말씀을 떠올리고, 그리스도교인이 아닌 그분에게 그 성구에 대해 알려 주는 것이 더 바람직했다고 깨달았다. 진리는 예수 그리스도와 그분이 전하신 하나님 나라/하늘 나라 복음이라고 생각한다고 대답했더라면 더 좋았겠다고 후회했다.

나더러 ‘주님, 주님’ 하는 사람이라고 해서, 다 하늘 나라에 들어가는 것이 아니다. 하늘에 계신 내 아버지의 뜻을 행하는 사람이라야 들어 간다(마태복음 7:21, 『새번역』).

라는 예수의 말씀을 그리스도교 각 진영이 자신과 다른 믿음을 지닌 상대를 비판할 때 이용하는 것 같다. 하나님의 “뜻”을 제대로 행하기 위해서는 그 “뜻”과 진리를 바르게 아는 것이 우선 요구된다. “하나님은 모든 사람이 구원을 받으며 진리를 아는 데에 [진리의 지식에] 이르기를 원하시느니라”(디모데 전서 2:4)라는 바울의 말처럼, 진리의 지식이 중요하다. (여기서 “지식”에 해당하는 그리스어가 “에피그노시스”*epignosis*로 되어 있으므로 진리의 “정확한/완전한 지식”으

로 옮기는 것이 더 좋은 번역이라고 본다.)

인간의 죄와 병을 대신 짊어지시고, 즉 구속/속량/대속하시고, 돌아가셨다가 부활하신 예수님과 "아버지는 나보다 크심이니라"(요한복음 14:28)라고 그분이 말씀하신 야웨 (여호와) 하나님, 그리고 나서 예수님을 구원자, 즉 기름 부음받은 자라는 뜻인 메시아/그리스도로 받아들이는 것이 그리스도인에게는 일차적으로 요구되는 일이다.

나의 『종교와 트랜스휴머니즘』(한국학술정보, 2022)의 한 챕터를 보완한 『기독교와 트랜스휴머니즘』(부크크, 2022)이라는 책의 첫 장인 "트랜스휴먼/포스트휴먼 예수 그리스도"라는 제목의 학술적인 글은 그리스도를 정확하게 알기 위해 내가 공부한 흔적이다. 성경 읽기와 함께 나는 "양자물리학과 그리스도교"에 대한 책들도 읽어 보고 있다. 이 공부를 통해 예수 그리스도에 관한 나의 이해가 좀 더 깊어질 수 있을 것으로 기대해 보기는 하지만, 그보다 차분하면서도 적극적인 성경 읽기와 기도가 더 필요한 일일 것이다.

이것은 성경과 함께 다양한 연구자들의 책들을 읽으며 내가 치유에 대해 성찰해 본 결과물이다. 이 머리말과 인용 문헌 사이의 글은 소제목 하에 전개되는 각각의 장들이 없는 채로, 1부터 101까지의 번호를 붙였지만 이 번호 순서대로 읽을 필요는 없다. 책을 펼칠 때 보게 되는 페이지를 자유롭게 읽으면 되는데, 한 문장이나 한 단락이라도, 읽으시는 분의 성경 이해만이 아니라 치유에도 도움이 된다면 더 바랄 것이 없겠다.

(이 책의 본문에서 인용한 성경은, 다른 번역본이라는 표시가 없는 경우는, 대한성서공회의 『개역개정판 한글성경』이다.)

루카스 크라나흐 Lucas Cranach the Younger (1515–1586)

Weimar Altarpiece; Crucifiction(central panel) 1555년 작품, 왼쪽에 병/악과 죽음을 정복하는 그리스도의 모습이 있고, 오른쪽에는 침례자 요한이 오른손으로는 피 흘리시는 예수를, 왼손으로는 어린 양을 가리킨다. 그 옆에는 루터가 성경을 들고 있다. 두 사람 사이에는 화가의 아버지가 있는데 다른 사제나 성자가 필요 없이 예수가 직접 구원자가 된다는 의미로 피가 이마 위로 흐른다. 가운데 배경에는 에덴에서의 추방 장면, 모세가 십계명 석판을 들고 있는 모습, 오른쪽 배경에는 천사가 목동들에게 예수의 탄생을 고지하는 장면, 그리고 모세와 놋뱀의 모습이 보인다.

1

우리는 성경 읽기를 통해 "얇은 곳"을, 즉 하나님의 영적 세계와 우리의 육적/물리적 세계를 가로막고 있는 일종의 벽이 투명할 정도로 엷어지는 장소나 순간을 "더듬어" 찾아볼 수 있다.[1]

> 사람이 하나님을 더듬어 찾기만 하면 만날 수 있을 것입니다. 사실, 하나님은 우리 각 사람에게서 멀리 떨어져 계시지 않습니다(사도행전 17:27, 『새번역』).

라는 바울의 말과 같이, 하나님을 만날 수 있는 "얇은 곳"을 찾기 위해 노력할 수 있다. (물론 우리가 처하게 되는 모든 장소와 접하게 되는 모든 순간이 사실은 다 그런 뜻에서의 소중한 "얇은 곳"이라고 보는 것이 더 옳은 태도이다. 그러나 우리를 근본적으로 치유하고 변형시키는 힘을 지닌 성스러운 특별한 장소들이나 순간들이 있다는 것을 부인할 수 없다.)

성경에서는 모세가 야웨 하나님을 만난, 불타오르지만 타지 않은 떨기나무가 있던 호렙산, 야곱이 천사와 씨름했던 브니엘, 예수 그리스도가 돌아가시기 전날 밤 제자들과 함께 기도를 드렸던 겟세마네 동산 등이, 그 외에도 많은 "얇은 곳"들의 예가 된다.

---

1   Tracy Balzer, *Thin Places: An Evangelical Journey into Celtic Christianity*, Leafwood Publishers, 2007, p.26.

2

기원 5세기에 시작되어 아일랜드, 스코틀랜드, 그리고 영국북부 지역에서 성행했던 켈트족 그리스도교에서 유래된 개념인 "얇은 곳"은 자연의 장소들만이 아니라 음악, 시, 그림, 춤 등과 같은 예술을 감상하는 순간 중에서도 찾을수 있다. 그것은 일상적인 경험의 세계와 신성한 영의 세계라는 두 차원이 만나는 장소 혹은 순간으로서 그 두 차원 사이의 경계가 너무나 얇아져서 베일이 순간적으로 벗겨져 우리가 그 신성한 영의 세계를 감지함으로써 근본적으로 치유되고 변형될 수 있는 방식에 대한 은유이다.

> 얇은 곳의 경험은 어디에서든지 일어날 수 있다. 심지어 심각한 질병과 고통, 애도의 순간도 얇은 곳이 될 수 있다. …사람들도 얇은 곳이 될 수 있다. 우리 가운데 많은 사람은 자신의 인생의 특별한 분기점에서 만났던 한두 사람을 통해 영의 임재를 체험했던 일이 있을 것이다. 특히 예수는 두드러진 얇은 곳이었음에 틀림없다.[2]

라고 말하는 마커스 보그는 또한 예배도 "얇은 곳"이 될 수 있다고 보고 그리스도교 예배의 다양한 형태, 즉 오순절교회 예배의 열광적인 모습이나 퀘이커 교도들의 침묵도 "얇은 곳"을 추구하는 같은 목적을 지닌 것으로 볼 수 있다고 한다.

---

2   마커스 보그[Marcus Borg], 『기독교의 심장』, 김준우 역, 한국기독교연구소, 2020, pp.240-242.

3

성경적 치유와 구원을 위해서는 출애굽기와 베드로전서의

> 이르시되 너희가 너희 하나님 나 여호와의 말을 들어 순종하고 내가 보기에 의를 행하며 내 계명에 귀를 기울이며 내 모든 규례를 지키면 내가 애굽 사람에게 내린 모든 질병 중 하나도 너희에게 내리지 아니하리니 나는 너희를 치료하는 여호와임이라(출애굽기 15:26).

> 친히 나무에 달려 그 몸으로 우리 죄를 담당하셨으니 이는 우리로 죄에 대하여 죽고 의에 대하여 살게 하려 하심이라 그[예수]가 채찍에 맞음으로 너희는 나음을 얻었나니(베드로전서 2:24).

라는 구절들에 보이는, "치료하시는" 하나님 야웨와 우리의 죄와 병을 대신 짊어지시기 위해 "채찍에 맞으신" 예수 그리스도에 대한 믿음을 원동력으로 하는 기도가 우선적으로 중심적인 실천이 되어야 한다. 선지자 이사야도 우리가 "나음을" 받게 되는 것은 그리스도의 희생 때문이라고 예언했다.

> 그는 징벌을 받아 하나님께 맞으며 고난을 당한다 하였노라 그가 찔림은 우리의 허물 때문이요 그가 상함은 우리의 죄악 때문이라 그가 징계를 받으므로 우리는 평화를 누리고 그가 채찍에 맞으므로 우리는 나음을 받았도다(이사야 53:4-5).

4

기도와 함께 적절한 의학적 치료와 자연적 치유도 시도하면서, 동시에 켈리 터너가 제시하는, 암을 포함한 질병의 완전치유 혹은 "근본적 관해"Radical Remission를 위한 9가지 핵심 요소들도 중시할 필요가 있다.[3] 켈리는

근본적인 식단의 변화
건강 관리의 주도권 잡기
직관을 따르기
허브와 보조제 활용
억눌린 감정 해소
긍정적 감정 늘려가기
사회적 지지 받아들이기
영적 교감의 심화
살아야 하는 강력한 이유 찾기

등으로 그 9가지 핵심 요소들을 열거하고 있다. 첫 번째로 제시된 "근본적인 식단의 변화"와 관련해서 "음식은 암 치유의 핵심이자 필수 요건입니다"라고 말하는 "숲속 고요 마을 자연치유센터" 박경자 원장이

암 자연치유는 생명밥상으로 누구나 이룰 수 있음에도 불구하고, 암의

---

3   켈리 터너[Kelly A. Turner], 『왜 불치병은 호전되는가』, 박상곤 역, 2021, pp.14-15.

공포에 눌려 지칠 대로 지치고 무기력해진 환우들은 매일 먹는 음식으로 암을 치유한다는 사실을 막연해하고 믿기 어려워합니다. 그래서 암 자연치유라고 하면 '기적 같은 일'이라고 생각하지요. … 암 자연치유는 기적이 아닙니다. 누구나 이룰 수 있는 '생명밥상의 과학'입니다.[4]

라고 주장하는 것을 주목할 필요가 있다. 그녀는 질병의 원인을 몸만이 아니라 마음에서도 찾아내려고 하는 양자의학quantum medicine도 이해할 필요가 있다고 한다.

생각 습관과 생활 습관의 변화를 통해 우리와 우리 후손의 유전자 암호를 변화시킬 수 있다는 것, 즉 우리가 유전자의 지배를 받는 것이 아니라 유전자가 오히려 마음과 환경의 지배를 받으며 그 영향을 유전자에 기록했다가 후손에게 전한다고 보는 후성유전학epigenetics의 관점도 박경자 원장이 추구하는 방향과 같은 자연치유에서 중시되고 있다.

우리가 매일 선택하는 밥상이 재앙을 부르는 "화학밥상"이 될 수도 있고 비극을 치유하는 "생명의 식탁"이 될 수 있음을 보여 주는, 후성유전학을 주제로 한, 다큐멘터리가 제작된 적이 있다. 2009년에 SBS가 「생명의 선택」이라는 제목으로 3부작을 방영했는데, 1부 제목이 "당신이 먹는 것이 삼대를 간다"라는 것이었다.

---

4 박경자, 『밥 짓는 시인 박경자의 암을 이기는 행복한 항암밥상』, 전나무숲, 2019, pp.10-11.

5

양자의학을 "몸을 다루는 생의학biomedicine, 양자파동장을 다루는 에너지의학
energy medicine, 마음을 다루는 심성의학mind medicine을 통합적으로 다루는 전
일의학"으로 정의하는 강길전/홍달수는

> 현대의학은 뉴턴물리학의 개념에 충실하다 보니 과학적이고 합리적
> 인 것만을 추구하게 되었고 그래서 인체의 구조에서 측정이 가능하고
> 눈에 보이는 물질적 구조(장기, 조직, 세포, 분자)만을 인정한다. 이에 비
> 해 양자의학은 물질적 구조(몸) 이외에 양자파동장 및 마음까지도 다
> 루기 때문에 현대 의학과는 많이 다를 수밖에 없다.[5]

라고 말한다. 양자의학에서 중요시하는 "마음"[mind]이란 무엇인가? 아미트
고스와미는 『양자의사』에서 마음과 신체 사이의 상호작용의 중개자인 "의식"
이 "모든 존재, 즉 모든 물질과 마음의 바탕이다"라고 말한다.[6]
　양자의학은 마음이 물리적 에너지처럼 뇌나 몸을 떠나서 시공간을 초월하
여 이동할 수 있는 에너지, 즉 "마음에너지"이기 때문에 마음이 물질에 영향
을 미친다고 본다. 입자particle와 파동wave 혹은 에너지장으로 구성된 몸의 세
포, 조직, 장기들과 마찬가지로 마음도 입자와 파동 혹은 에너지장이므로 에
너지장들 상호 간의 연결이 가능하다는 것이다. 양자의학에서 중시하는 "마

5　강길전/홍달수, 『양자의학: 새로운 의학의 탄생』, 돋을새김, 2013, pp.105-106.
6　아미트 고스와미[Amit Goswami], 『양자의사: 삶을 치유하는 의학』, 최경유 역, 북랩, 2017, p.51.

음"이 정확히 무엇인지는 더 알아보아야 하겠지만, 그리스도인은 바울이

> 육체를 따라 사는 사람들은 육체적인 것에 마음[mind, *phronema*]을 쓰고 성령을 따라 사는 사람들은 영적인 것에 마음을 씁니다. 육체적인 것에 마음을 쓰면 죽음이 오고 영적인 것에 마음을 쓰면 생명과 평화가 옵니다(로마서 8:5-6, 『공동번역』).[7]

> 네가 만일 네 입으로 예수를 주로 시인하며 또 하나님께서 그를 죽은 자 가운데서 살리신 것을 네 마음[heart, *kardia*]에 믿으면 구원을 받으리라(로마서 10:9, 『공동번역』).

라고 말하는 것에 더 많은 관심을 기울일 수밖에 없다. 역대하 16:9에서는 "여호와의 눈은 세상을 두루 볼 수 있어서 그 마음[heart, *lebab*]이 온전히 그분께 향하는 사람들을 힘있게 하십니다."(『우리말 성경』)라고 쓰고 있는 것을 볼 수 있다.

---

7 다른 번역본 중에는 이 구절에서의 "마음"이 "생각"으로 된 것도 있다.

6

"만물의 최소단위인 미립자는 평소엔 빛의 물결(비물질)로 잠재해 있다가 내가 어떤 생각이나 이미지를 품고 바라보는 순간 그 생각이나 이미지가 입자화(물질화)된 형태로 내 눈앞에 나타나게 된다."[8] 다시 말하면 관찰하는 사람의 마음 혹은 마음에너지가 미립자들에 전달되어 변화를 일으키게 된다는 것이다. 양자역학에서의 "관찰자 효과," 즉 "사람이 보는 대로 만물이 변화한다"라는 명제는 일체유심조—切唯心造 [모든 것은 오직 마음이 지어낸다]라는 『화엄경』의 핵심 사상과도 같은 맥락에서 이해될 수도 있겠다.

파동이면서 동시에 입자인, 즉 "파립"이라는 신조어로 나타내기도 한, 미립자들은 하나로 연결되어 있기 때문에 거리와 상관없이 상호작용이 빛의 속도보다 더 빨리 순간적으로 이루어진다. 2개의 미립자가 서로 아무리 멀리 떨어져 있어도 에너지장에 의해 하나로 연결된다는 이 원리가 양자역학에서의 "비국소성"non-locality 원리이다. 공간적으로만이 아니라 시간적으로도 과거, 현재, 미래가 하나의 에너지장으로 연결되어 있다는 것이다.

이 "비국소성" 원리는 예를 들면 이역만리 떨어진 곳에 사는 아들을 위한 어머니의 새벽 정화수井華水 기도와 같이 근대화 이후 비과학적 미신으로 무시되기도 한 신앙에 대한 과학적 설명의 근거가 될 수 있다. 또한 과거나 현재, 그리고 미래의 사람들을 위한 그리스도교인들의 중보기도도 "비국소성" 원리를 적용한 것이라고 볼 수 있다. 우리 몸의 세포들을 구성하는 미립자들의 그와 같은 불가사의한 능력 때문에 기적적인 치유의 사례들이 생기게 된다.

---

8   김상운, 『왓칭: 신이 부리는 요술』, 정신세계사, 2011, pp.43-44.

그리스도인들은 그러한 불가사의한 능력을 지닌 미립자들로 구성된 인간의 세포들이 우연히 생긴 것이 아니라고 생각한다. 양자이론적 진화론이나 과학적 무신론으로 일컬어지는 "위대한 설계"The Grand Design 이론을 받아들이지 않고, 그리스도인들은 지상의 모든 생명체를 창조하신 "위대한 설계자" 야웨 하나님을 믿기 때문이다.

> 내가 땅의 기초를 놓을 때에, 네가 거기에 있기라도 하였느냐? 네가 그처럼 많이 알면, 내 물음에 대답해 보아라. 누가 이 땅을 설계하였는지, 너는 아느냐? 누가 그 위에 측량줄을 띄었는지, 너는 아느냐? 무엇이 땅을 버티는 기둥을 잡고 있느냐? 누가 땅의 주춧돌을 놓았느냐?(욥기 38:4-6, 『새번역』)

> 집마다 지은 이가 있으니 만물을 지으신 이는 하나님이시라(히브리서 3:4).

7

아미트 고스와미는 "영적인 치료로서 의학적 치료 없이 치유가 갑자기, 완전히 된 경우"와 같은 자연적 관해가 "양자치유"에 해당한다고 말한다.[9] 그러한 치유의 한 사례로 고스와미는 온몸에 암세포가 퍼진 말기 암 여성 환자의 일화를 소개한다. 그 환자는 치료를 위해 바디워크bodywork 요법[호흡, 요가, 명상, 기공, 마사지, 웃음, 춤 등을 이용하는 치유의 방법]을 활용하는 캠프에 왔지만 소극적이었다가 얼마 후에 갑자기 억눌렸던 힘이 터져 나오듯이 돌발적으로 열정적인 춤을 추게 되었는데 다음 날 검사 결과 암이 없어졌다는 것이다.

> 나는 그녀가 흥에 겨워 춤출 때, 자신을 잊고 자아를 초월하여 전의식[preconsciousness]에 들어가 몰입[flow] 상태가 되었다고 생각한다. 그녀는 춤 자체가 되었고, 양자 자신의 창의성을 이용할 수 있게 되었다. 결국 그녀는 양자도약[quantum leap]을 시행했고, 암은 양자치유에 의해 하룻밤 만에 치유되었다.[10]

그와 같은 마음의 "창의적 통찰"의 아하ah-ha 경험을 통한 양자도약으로 실현된 양자치유에 대해 디팩 초프라는 "장기, 조직, 세포, 심지어는 DNA보다도 더 깊게 직접 시간과 공간 속에 있는 신체 존재의 원천으로 들어간 근본적

---

9 아미트 고스와미[Amit Goswami], 『양자의사: 삶을 치유하는 의학』, 최경유 역, 북랩, 2017, p.264.
10 같은 책, p.104.

인 변환이기 때문에 양자사건이라고 부를 수밖에 없다"라고 말한다.[11]

"양자사건"이라는 개념은 어떤 상태나 기능의 한 단계에서 더 높은 단계로 갑자기 뛰어오르는 변화를 뜻하는 "양자도약"과 같은 것으로 이해해도 될 것이다. 그런데 초프라가 "신체 존재의 원천"이라고 한 것은 무엇인가? 이 물음은 마치 "부모미생전 본래면목"父母未生前 本來面目이라는, 즉 "너의 부모가 너를 낳기 전에 너의 본래 얼굴이 무엇인가?"라는, 불교의 화두와도 비슷하다.

우리가 인간의 DNA보다 더 작은 단위인 원자로, 그리고 나아가서 그것을 구성하는 미립자들로, 또 그보다도 더 작은 단위로, 다시 그것보다도 더 작은 미시적 영역으로 계속 내려가면, 초프라가 말하듯이, "물질도 에너지도 없는 텅 빈 공간"인 "무"[nothingness]로 생명이 이루어진 것이라고 보게 되는 당혹스러운 일이 생긴다.[12] 그리스도인은 "신체 존재의 원천"이 창조주 야웨 하나님이라고 믿는다.

> 하나님은 세상 창조 전에 그리스도 안에서 우리를 택하시고 사랑해 주셔서, 하나님 앞에서 거룩하고 흠이 없는 사람이 되게 하셨습니다 (에베소서 1:4, 『새번역』).

> 내가 너를 모태에서 짓기도 전에 너를 선택하고, 네가 태어나기도 전에 너를 거룩하게 구별해서 뭇 민족에게 보낼 예언자로 세웠다 (예레미아 1:5 『새번역』)

---

11 Deepak Chopra, *Quantum Healing*, New York: Bantam, 2015, p.116.
12 같은 책, p.118.

8

여명이 6개월 남았다는 선고를 병원으로부터 받은 어떤 환자가 프랜시스 실로스Francis Seelos 신부[19세기 미국에서 활동한 가톨릭 신부]의 뼛조각이 담긴 목걸이를 몸에 지니고 줄곧 마음속으로 그 신부와 자신이 함께 암을 씻어내는 장면을 그리면서 기도한 후 일주일 만에 기적적으로 암세포들이 사라졌다고 하는 일화는 어떻게 이해해야 할까? 우선 이 일화에서 우리는 "창의적 시각화"creative visualization의 치유력을 확인하게 된다.

> 시각화는 면역계의 억제를 다루는 데 큰 도움이 된다. 예를 들면, 당신은 활동적인 킬러 T세포가 당신의 신체에 들어온 침입자와 싸워 전쟁에서 이기는 것을 시각화할 수 있다. 때로는 당신의 두통을 시각화해서 점점 작게 만들 수 있다. 실제로 어떤 사람들은 두통을 말 그대로 시각화하여 점점 사라지게 한다. … 시각화는 신체에 강한 효과를 가지고 있다. 실제로 시각화가 암 환자 치료에 성공적으로 이용되곤 했다.[13]

시각화는 사색적, 정서적, 상상적kataphatic, 비우는apophatic이라는 그리스도교의 4가지 기도 유형 중에서 상상적 기도와 비슷한 면이 있는 것으로 여겨진다.

---

13   아미트 고스와미[Amit Goswami], 『양자의사: 삶을 치유하는 의학』, 최경유 역, 북랩, 2017, p.243, 253.

9

환자가 품고 있었던 신부의 뼛조각에 특별한 치유의 능력이 담겨 있었다고 보기보다는 몸이 다시 건강을 회복하게 되는 이미지를 그리는 창의적 시각화와 함께 돈독한 믿음을 토대로 한 기도와 사랑의 힘 때문에 치유되었다고 보는 것이 옳은 판단이리라.

그 일화를 소개하고 나서 김상운은

아인슈타인이 지적했듯, 사람의 몸은 전기에너지 덩어리다. 온몸의 구석마다 에너지 물결이 흐르고 있다. 건강한 사람의 몸은 에너지 물결이 고르고 균형을 이룬다. 이게 자연의 질서다. 반면 암이 생긴 부위의 에너지 물결은 고르지 못하다. 키를리안 사진기[kirlian camera]로 촬영해 보면 물결이 들쭉날쭉하고 색깔도 다르다. 자연의 질서가 깨진 것이다. 따라서, "자연의 질서를 회복해 달라"는 기도 [암세포를 파괴시키겠다는 의도를 지닌 기도가 아니라 따뜻한 마음으로 정상적인 세포들로 돌아가 달라고 염원하는 사랑과 연민의 기도]가 가장 효율적일 수밖에 없다.[14]

고 설명한다. 그는 또한 "막연한 기도보다는 자신이 갈망하는 바를 구체적으로 요구하는 기도가 훨씬 더 잘 통한다"고 덧붙이고 있다.

그런데 그 신부의 "뼛조각"에는 아무런 힘이 깃들어 있지 않았다고 보아야 하는가?

---

14 김상운, 『왓칭: 신이 부리는 요술』, 정신세계사, 2011, pp.101–105.

10

신부의 "뼛조각"의 치유력을 믿는 마음의 미립자들이 그 "뼛조각"의 미립자들에게 영향을 주고 동시에 환자 자신의 몸 세포들의 미립자들도 변화시킴으로써 기적적으로 치유가 일어난 것으로 설명될 수도 있다.

> 미립자들은 모든 정보, 지혜, 사랑, 에너지를 다 갖고 있다. 모르는 것도, 불가능한 것도 없는 전지전능한 존재이다. 그래서 물리학자인 라즐로Ervin Laszlo 박사는 미립자들이 가득한 영점[zero-point] 공간을 "무한한 가능성의 바다"라고 정의한다. 무한한 정보창고, 영혼의 공간, 신의 마음, 신의 공간 등으로 불리기도 한다. 주요 종교들이 말하는 영생, 구원, 해탈 등을 얻을 수 있는 곳도 바로 여기다.[15]

라는 설명과 같이, 그 치유는 미립자들의 "정보, 지혜, 사랑, 에너지"가 일으킨 기적이라고 할 수 있다. 그런데 미립자들이 "전지전능한 존재"라면 야웨 하나님과 그 미립자들 사이의 관계는 어떻게 이해해야 할까? 우리는 모든 것들을 아는 전지全知[omniscience], 무엇이든지 할 수 있는 전능全能[omnipotence], 그리고 어디에나 어느 때나 있는 편재遍在[omnipresence] 등으로 야웨 하나님의 특성을 생각한다. 이 특성이 미립자들에게도 해당될 수 있다고 할지라도, 절대적 "주권성"Sovereignty은 야웨 하나님에게만 속한 것이라고 그리스도인은 믿는다.

---

15   김상운, 『왓칭: 신이 부리는 요술』, 정신세계사, 2011, p.251.

11

켈리 터너는 양자물리학의 원리를 활용해 부드럽게 신체를 터치하는 매트릭스 에너지학이라는 기술을 훈련받은 사람들은 "가벼운 신체적 접촉과 치유 의지 같은 것들이 실제로[우리의 몸을 이루는 미립자들로 된] 원자들의 진동을 변화시켜 세포의 변화를 이끌어낼 수 있다"고 믿는다고 말한다. 그녀는

> 서양의학에서는 박테리아나 바이러스와 같은 물리적인 유기체들이 예상치 못한 때에 신체에 침투하여 질병을 일으킨다고 본다. 그래서 서양의학의 해법은 침입자들을 수술이나 약물과 같은 물리적인 개입으로 없애는 식이다. 반대로 수잔[터너가 만난, 자신의 직관을 따르고 에너지 치료로 암의 완전관해를 이루었다는 사람]은 '질병'을 그저 반복되는 사고 패턴이나 저주파 감정들 때문에 응축되기 시작한 에너지 막힘 현상이라고 믿었고, 오랜 시간에 걸쳐 뭉쳐 있는 에너지는 물리적인 장애나 질병이 된다고 봤다.[16]

라고 쓰고 있다. 수잔은 에너지 치료가 실제로 우리 몸에 물리적인 변화를 가져온다고 생각하고 "의사가 '암'이라고 불렀던 덩어리나 종양의 형태로 제 몸에 뭉쳐 있는 에너지는… 풀리지 않은 채 남아 있는 감정과 사고에 의해 생겨난" 것이라고 말했다고 터너는 덧붙이고 있다.

---

16 켈리 터너[Kelly A. Turner], 『왜 불치병은 호전되는가』, 박상곤 역, 2021, p.120

12

기적을 주제로 한 책의 저자는 병원에서 죽음을 선고받은 환자가

> 죽음을 담담히 받아들인 후 남은 삶이라도 의미 있게 살고 싶어 봉사
> 활동을 시작했다. … 자신이 죽음을 앞둔 환자라는 사실을 잊고 몸과
> 마음을 다해 어려운 이들을 도왔다. 아무 조건 없이 사랑을 주면서 가
> 슴 가득 차오르는 기쁨을 느꼈다. 평생 느껴보지 못한 환희였다. 그렇
> 게 6개월이 지나자 암세포가 모두 사라졌다.[17]

는 치유담이 있다. 그런데 다른 사람들을 사랑하는 것만이 아니라 다른 사람
들로부터 사랑을 받는 것이 "채식을 하거나 항산화제를 섭취하는 것만큼이
나 건강에 필수적이라는 사실"을 지적하는 켈리 터너는 "정서적인 느낌이 면
역체계를 강화하거나 약화시키는 화학반응과 호르몬으로 즉각 나타나기 때
문이다"라고 그 이유를 말하고

> 다른 사람들이 나를 사랑하고 아낀다고 느끼면 뇌하수체가 치유 호르
> 몬을 분비함으로써 갑자기 면역체계 에너지가 회복되면서 세포를 재
> 생시키고 독성을 제거하며 가장 중요하게는 암세포를 제거하게 된다
> 는 것이다. 그러니 매일 잊지 말고 비타민을 먹되, 자신에게 두 가지

---

17 이송미, 『미라클: 당신이 기적의 존재인 과학적 이유』, 비타북스, 2020, pp.271-272. 저자는 "자신의
  내면에 사랑이 가득하면 나와 남, 세상을 더불어 치유하는 초강력 에너지로 작용한다"고 쓰고 있다
  (p.280).

질문을 던지는 것도 잊지 마라. 오늘 나는 누구에게 사랑을 주었는가? 그리고 누구에게 사랑을 받았는가?[18]

라고 부연하고 있다. 무한한 치유력을 활성화하여 기적을 일으키는 가장 중요한 동력이 사랑이다. 요한은

우리는 하나님이 우리에게 베푸시는 사랑을 알았고, 또 믿었습니다. 하나님은 사랑[*agape*]이십니다. 사랑 안에 있는 사람은 하나님 안에 있고 하나님도 그 사람 안에 계십니다(요한일서 4:16, 『새번역』).

라고 말한다. 우리가 하나님 안에 있고 하나님도 우리 안에 계시는 것과 같은 사랑은 터너가 "영적 에너지"라고 부르는 "무조건적이고 범우주적인 사랑"인데, 터너는

이것을 느낄 때 사람들은 다른 모든 것과 분리되어 존재한다는 감각을 잃게 된다고 말한다. 개별적인 하나의 존재가 아니라 모든 사람, 모든 것과 융합되어 있다는 느낌이 든다는 것이다. … 이렇게 깊고 범우주적인 사랑은 어떤 상황에서나 존재하지만 우리가 능동적으로 다가갈 때에만 느낄 수 있다고 했다.[19]

고 쓰고 있다.

18　켈리 터너[Kelly A. Turner], 『왜 불치병은 호전되는가』, 박상곤 역, 에쎄, 2021, pp.255-256.
19　같은 책, p.262.

당신의 의심, 연약함, 그리고 두려움으로부터 벗어나십시오. 그것들에 대해 말하지 마십시오. 자신이 무능하다는 느낌을 버리십시오. 튼튼한 몸이 되어 그 몸으로 하나님을 영광스럽게 하십시오. 무릎을 꿇고 기도하십시오. 아버지 하나님께 당신이 그분의 자녀라고 말씀드리십시오. 그분에게 당신이 당신의 자녀들에게 좋은 것들을 주었다고 하시고 그분도 자신의 자녀들에게 좋은 것들을 기꺼이 주시리라고 확신한다고 하십시오. 당신의 질병/병고에게 직접 이름[병명]을 부르며 말하십시오. 그 질병/병고가 당신의 몸에서 떠나라고 예수님의 이름으로 명령하십시오. 예수님이 당신을 살게 하는 힘이라고 고백하면서 당신의 아픔이 당신의 몸에서 떠날 것을 명령하십시오. 당신의 권리를 누리고 다른 사람들도 같은 권리를 누릴 수 있도록 도우십시오. 사탄은 하나님이 예수께 부과하신 것들[죄와 병]을 당신이 짊어지게 할 수 없습니다. 죄와 질병/병고가 십자가 위에서 못 박혔으므로 당신은 영원히 그것들의 저주로부터 풀려났습니다. 당신은 치유되었습니다.[20]

---

20   T.L. Osborn, *Healing the Sick.* Harrison House, 2022, pp.178-179.

14

오스본은 질병이 아니라 치유에 관해 말하라고 충고하면서 질병에 대해 말하면 우리의 몸을 아프게 만들 수 있는 사탄Satan (혹은 악마Devil)의 힘을 더 강하게 할 뿐이라고 쓰고 있다.[21] 이것은 "말이 씨가 된다"라는 우리의 속담에서도 지적된다. "여기서의 '씨'는 재앙의 원천이란 부정적 의미도 있지만, 그보다는 어떤 일이 앞으로 커질 수 있는 근원이자 언젠가 현실로 드러날 수 있는 가능성을 내포하기도 한다."[22]

고통에 대한 부정적인 말 대신에 아픈 사람들은 전홍준이

> 우리는 하루에 수천수만 가지 생각을 합니다. 그런데 계속 부정적인 생각, 내가 환자라는 생각을 내내 하면서 지냅니다. 그러나 "나는 나았다" "완전해져서 감사하다"라는 말을 계속하면 그런 부정적인 생각이 들어올 틈이 없습니다.[23]

라고 말하듯이, "나는 나았다" "완전해져서 감사하다"와 같은 긍정적인 말을 자주 하는 것이 필요하다. 바울이 로마서 10:9-10에서 "네가 만일 네 입으로 예수를 주로 시인하며 또 하나님께서 그를 죽은 자 가운데서 살리신 것을 네 마음에 믿으면 구원을 얻으리니"라고 한 말에서도 긍정적으로 직접 "입으로 시인하는" 일의 중요성이 지적된다.

---

21 T.L. Osborn, *Healing the Sick*, Harrison House, 2022, p.250.

22 천소영, 『한국어와 한국문화』, 우리책, 2005, p.97.

23 전홍준, 『나를 살리는 생명 리셋』, 서울셀렉션, 2022, p.74.

15

하나님을 찬양하고 치유자이신 그분의 약속들에 관해 계속 말하는 것을 죄와 병의 원천인 사탄과 악령들demons이 듣고 물러나게 만드는 것이 중요하다. 그렇게 함으로써 "성령의 성전"인 우리의 몸을 더욱 강하게 만들 수 있을 것이다.

> 너희 몸은 너희가 하나님께로부터 받은 바 너희 가운데 계신 성령의 전인 줄을 알지 못하느냐 너희는 너희 자신의 것이 아니라 값으로 산 것이 되었으니 그런즉 너희 몸으로 하나님께 영광을 돌리라(고린도전서 6:19-20).

바울의 이 말은 예수께서 야웨 하나님에 대해

> 그는 진리의 영이시다. 세상은 그를 보지도 못하고 알지도 못하므로, 그를 맞아들일 수가 없다. 그러나 너희는 그를 안다. 그것은 그가 너희와 함께 계시고, 또 너희 안에 계실 것이기 때문이다(요한복음 14:17, 『새번역』).

라고 하신 말씀에 보이는 것과 같이, 하나님이 우리 안에, 우리의 몸 안에 계신다는 것을 명시하고 있다. 그리스도인은 몸의 치유만이 아니라 궁극적인 구원을 위해, 멈추지 않고, 예수 그리스도의 이름으로, 야웨께 기도해야 한다.

하나님이 기적적으로 즉각적인 치유를 해 주시지 않는데 그리스도인이 의학적 도움을 받으려고 하는 것은 잘못인가? 그것이 하나님의 의지를 거스르는 것인가? 성경에는 하나님이 의사에 의한 진단, 치료, 수술을 피하라고 말하는 부분은 없다. 오히려 마태복음 9:12에서 예수께서는 "건강한 자에게는 의사가 쓸 데 없고 병든 자에게라야 쓸 데 있느니라"고 하셨고, 골로새서 4:14에서는 "사랑받는 의사 누가"라는 말이 있는 것에서도 알 수 있듯이, 의사 혹은 의학을 성경이 무시하거나 경시하지 않는다. 물론 역대하 16:12-13에

> 아사가 왕이 된 지 삼십구 년에 그의 발이 병들어 매우 위독했으나 병이 있을 때에 그가 여호와께 구하지 아니하고 의원들에게 구하였더라 아사가 왕위에 있은 지 사십일 년 후에 죽어 그의 조상들과 함께 누우매.

라고 한 부분에 보이듯이, 아사 왕과 같이 야웨 하나님보다 의사들에게 더 의존하는 불신 때문에 구원받지 못한 경우가 있다.

역대하 16:7에 보이듯이 선견자 하나니가 아사왕에게 "임금님께서 시리아 왕을 의지하시고, 주 임금님의 하나님을 의지하지 않으셨으므로, 이제 시리아왕의 군대는 임금님의 손에서 벗어나 버렸습니다"(『새번역』)라고 책망했지만 결국 아사왕은 야웨 하나님의 뜻을 따르지 않았다.

열왕기하 1:1-4의

> 아하시야가 사마리아에 있는 그의 다락 난간에서 떨어져 병들매 사자
> 를 보내며 그들에게 이르되 가서 에그론의 신 바알세붑에게 이 병이
> 낫겠나 물어보라 하니라 여호와의 사자가 디셉 사람 엘리야에게 이르
> 되 너는 일어나 올라가서 사마리아 왕의 사자를 만나 그에게 이르기
> 를 이스라엘에 하나님이 없어서 너희가 에그론의 신 바알세붑에게 물
> 으러 가느냐 그러므로 여호와의 말씀이 네가 올라간 침상에서 내려오
> 지 못할지라 네가 반드시 죽으리라 하셨다 하라.

에 보이는 아하시야 왕은 야웨 하나님도 의료적 수단도 의지하지 않고 이교
도의 신 바알세붑에게 의존한 죄 때문에 죽게 된 예이다. "여호와께서 이와
같이 말씀하시니라 무릇 사람을 믿으며 육신으로 그의 힘을 삼고 마음이 여
호와에게서 떠난 그 사람은 저주를 받을 것이라"(예레미야 17:5)라고 하신
말씀과 같이 하나님이 아닌 인간 혹은 바알세붑 같은 이교도의 신에게 의
존하는 것은 잘못이다. 하나님에게 먼저 신뢰를 둔다면 질병 치유와 관련
하여 실제적, 과학적 도움을 추구하는 것을 성경이 비난하지 않는다.

("바알세붑"의 그리스어 이름은 "바알세불"(오물의 신)이다 바알세불은 가나안의 풍
요의 신인 "바알"과 높은 거처를 뜻하는 "세불"이 합쳐진 것으로서 유대인들에 의해 사
탄의 별칭으로 사용되었다.)

18

비록 성경이 의학이나 약학을 폄하하지는 않지만 약이라고 불리는 모든 화학품을 다 승인하지는 않는다. 또한 의료인이라고 지칭되는 모든 사람을 성경이 다 칭송하는 것도 아니다. 인간의 몸 조직 안으로 의약품 선반에 있는 모든 약을 주입시키는 행동을 예찬하지도 않는다. 치료 프로그램에 관한 모든 결정에는 때로는 심각한 위험이 따른다. 따라서 성급하게 결정을 내려서는 안 되고 정확하게 보고 판단해야 한다.

의학적이든 비의학적이든 남용이 있을 수 있고, 전문가 중에서도 부정직하고 무능력자이며 무책임하면서 배려심도 없는 사람들이 있을 수 있다. 치료법이든 의료인이든 현명하게 선택해야 한다. 과학적으로 건전하고 잘 검증된 치료법을 택해야 한다. 의사를 선택하는 데서도 신중해야 한다. 평판이 좋아야 하고 자유롭게 의사소통이 이루어져야 한다. 환자의 마음속에 있는 모든 질문을 할 수 있어야 한다. 적합한 경우는 두 번째, 세 번째 의견도 들어볼 수 있어야 한다. 특정 치료법이나 수술 과정 등에 어떤 문제가 있는지도, 어떤 부작용이 있는지 등에 대해서도 고려해야 한다.

그리스도인은 의학이나 약학의 도움과 함께 그리스도인 공동체의 기도와 후원을 결합시켜 치유를 도모할 수 있다. 믿음과 긍정적인 기대가 치유에 도움이 되지만 궁극적으로 사람을 치유하는 힘은 하나님으로부터 나오는 것이라고 보아야 한다.

하나님은 의료적 도움이 없이도 사람들을 치유하실 수 있다. 의사들이 치유될 수 없는 병이라고 선언한 경우에도 하나님은 그 사람을 치유하시는 경우가 있다. 의학적으로 설명할 수 없는 신비로운 기적적인 치유만이 아니라 첨단 의학 기술에 의한 치유도 하나님의 권능에 의한 것으로 보는 것이 맞다.

하나님이 기적적으로 개입하셔서 치유해 주시는 것을 선택하시지 않았으므로 하나님이 우리를 계속 아픈 상태로 있기를 원하신다고 판단하고 의학적 도움을 받지 않으려고 하는 것은 잘못이다. 하나님은 서서히 치유해 주심으로써 우리에게 가르치시려고 하는 바가 있을 수 있다. 하나님은 적절하다고 판단하실 때 적절한 방식으로 개입하신다. 하나님이 최선의 일을 하신다는 것에 대한 믿음이 중요하다.

> 예수께서 맹인의 손을 붙잡으시고 마을 밖으로 데리고 나가사 눈에 침을 뱉으시며 그에게 안수하시고 무엇이 보이느냐 물으시니 쳐다보며 이르되 사람들이 보이나이다 나무같은 것들이 걸어가는 것을 보나이다 하거늘 이에 그 눈에 다시 안수하시매 그가 주목하여 보더니 나아서 모든 것을 밝히 보는지라(마가복음 8:23-25).

에서도 예수께서 즉각적 치유가 아닌 점진적 치유의 예를 보여 주신 것으로 읽을 수 있는데, 그것은 그 맹인의 신체적 필요 때문만이 아니라 믿음을 위해서였을 것이다.

병illness, 질병disease, 병고sickness라는 3개념이 있는데, "병"은 가장 넓은 범위의 신체적, 정신적 불편과 고통을 뜻하는 것으로 볼 수 있고, 의사의 진단을 받게 되는 특정 병을 "질병"으로, 그리고 질병 중에서도 특히 고통이 심한 경우를 "병고"라고 할 수 있다. (다른 관점에서의 다른 번역과 정의도 물론 있을 수 있다.) 아미트 고스와미는

> 질병은 전문가들이 공감할 수 있는, 의료기기나 적절한 테스트로 진단할 수 있는 객관적인 장기의 기능장애를 말한다. 반대로 질환[병]은 기능장에 대한 주관적인 느낌을 말한다. 물질주의적 패러다임으로 질병은 설명할 수 있지만, 내면의 감각이나 질환[병]의 원인은 설명할 수 없다.[24]

라고 구별한다. 가이저는 "병은 존재의 상태나 사회적 기능에서 가치가 저하된 변화들의 경험이다. 질병은 현대의학의 과학적 패러다임에서 신체와 기관들의 구조와 기능에서의 비정상성을 뜻한다"[25]라고 설명한다.

---

24 아미트 고스와미[Amit Goswami], 『양자의사』, 최경규 역, 북랩, 2017, p.65.
25 Frederick J. Gaiser, *Healing in the Bible*, Baker Academic, 2010, p.178.

21

대체로 병은 "치유"의 대상, 질병과 병고는 "치료"의 대상으로 구별되기도 하는데 더 정확하게 "치료"와 "치유"를 구별하면

> 치료(治療, Treatment)는 상처나 질병 따위를 수술하거나 약물 등으로 낫게 한다는 의학적인 개념이고, 치유(治癒, Healing)는 불균형하거나 병들거나 손상된 생체로부터 건강을 회복하는 과정을 말한다. 치유에는 여러 요법(療法, Therapy)이 활용되지만, 건강을 회복하기 위해 식습관, 생활습관, 마음습관을 바꾸는 생활 관리가 기본이다. 이것은 동양의학에서 말하는 양생법과 같다.[26]

라고 할 수 있다. 비슷한 맥락에서 원인을 "치유"하는 것과 증상을 "치료"하는 것이 구별되기도 한다. 성경적 관점에서 말하면 궁극적으로 치유는 구원혹은 완전성의 상태, 즉 샬롬shalom을 지향한다. ("샬롬"은 평화, 조화, 전체성, 번영, 복지, 평온, 그리고 완전성 등을 뜻하는 히브리어 단어이다.)

> 너는 하나님과 화목하고 평안[Salem]하라 그리하면 복이 네게 임하리라(욥기 22:21).

---

26   조병식, 『조병식의 암캠프 13일』, 보보인터내셔날(주), 2020, pp.25-26.

22

그리스도인이 심각한 병, 질병, 병고에 걸려 고통을 받게 되는 순간이 오면, 잠언 3:6에서 읽을 수 있는 "너는 범사에 그[하나님]를 인정하라 그리하면 네 길을 지도하시리라"와 같이, 기도를 드리면서 하나님의 지혜와 인도를 구하게 된다. 그리고 동시에

> 내 이름을 경외하는 너희에게는 공의로운 해가 떠올라서 치료하는 광선을 비추리니 너희가 나가서 외양간에서 나온 송아지같이 뛰리라(말라기 4:2).

라는 성구와 같은 치유의 구절들을 떠올리게 된다. 그 구절들이 위안을 주고 용기를 북돋아 주기 때문이다.

하나님이 언제나 즉각적으로 우리를 치유하시지는 않는다고 해도 하나님은 우리의 궁극적인 최선의 이익이 될 때 우리를 치유하실 것이라는 믿음이 중요하다. 지금 질병 때문에 고통을 받고 있을지라도 고린도전서 10:13에서 "사람이 감당할 시험 밖에는 너희가 당한 것이 없나니 오직 하나님은 미쁘사 너희가 감당하지 못할 시험 당함을 허락하지 아니하시고"라고 바울이 말한 것과 같이, 하나님은 우리가 견딜 수 없는 고통을 겪게 하시지는 않는다.

하나님은 우리의 보호자가 되실 것이라고 약속하셨으므로 언젠가는 우리를 치유하시고 구원을 주실 것이라고 믿을 수 있다.

23

예수 그리스도께서 "나무에" 올려져 "채찍에" 맞으셔서 우리의 병까지도 "짊어지셨으므로" 이미 우리는 치유되었다는 믿음을 가질 수 있다.

> 그가 찔림은 우리의 허물 때문이요 그가 상함은 우리의 죄악 때문이라 그가 징계를 받으므로 우리는 평화를 누리고 그가 채찍에 맞으므로 우리는 나음을 받았도다(이사야 53:5).

> 저물매 사람들이 귀신 들린 자를 많이 데리고 예수께 오거늘 예수께서 말씀으로 귀신들을 쫓아내시고 병든 자들을 다 고치시니 이는 선지자 이사야를 통하여 하신 말씀에 우리의 연약한 것을 친히 담당하시고 병을 짊어지셨도다 함을 이루려 하심이더라(마태복음 8:16-17).

> 친히 나무에 달려 그 몸으로 우리 죄를 담당하셨으니 이는 우리로 죄에 대하여 죽고 의에 대하여 살게 하려 하심이라 그가 채찍에 맞음으로 너희는 나음을 얻었나니(베드로전서 2:24).

우리가 이 성구들을 읽으면서, 악의 근원인 사탄의 일[죄를 짓게 하고 병을 앓게 하고 죽게 만드는 것]을 멸하시기 위해 오신 예수를 그리스도로, 즉 "하나님의 아들"이신 구원자로, 진정으로 받아들이게 되면 그리스도인이 되는 길로 접어들 수 있다.

로마서 8:18에서 "생각하건대 현재의 고난은 장차 우리에게 나타날 영광과 비교할 수 없도다"라고 바울이 말한 것과 같이, 예수님의 대속 희생에 의해 가능해진 우리의 치유와 구원은 "새 하늘과 새 땅"(요한계시록 21:4)에서 온전히 실현될 것이다.

그렇지만 베드로전서 2:24에서 "너희가 나음을 얻었나니"라고 과거 시제로 되어 있는 것을 언급하면서, "우리는 몸의 치유가 필요한데, 몸의 치유는 지금 우리가 이 세상에 살 동안에 필요한 것"이기 때문에 그리스도의 재림 parousia 이후에 시작될 "새 하늘과 새 땅" 혹은 하나님의 나라가 도래하기 이전에도 하나님에 의한 치유가 요구되고 그것이 가능한 것이라고 주장하는 관점도 설득력이 있다.[27]

> 예수님 자신이 나의 연약한 것들을 담당하시고 질병들을 짊어지셨다는 것을 성경에서 읽고 난 후에, 나는 예수님도 나도 질병을 짊어질 필요가 없다고 결정하였으며, 그 이후 지금까지 질병에서 자유합니다! 예수님께서 우리의 연약한 것들을 가져가시고 우리의 질병을 짊어지셨으니 얼마나 감사한 일입니까?[28]

---

27 오스틴, 도디[Dodie Osteen], 『암에서의 치유』, 오태용 역, 베다니출판사, 2018, p.155.
28 같은 책, p.154.

오스본이 "우리는 질병과 고통은 파괴적인 것이므로 이는 하나님이 아니라 파괴하는 자, 사탄에게서 나온 것임을 기억해야 합니다"[29]라고 쓴 것과 같이, 그리스도인들은 죽음을 포함한 모든 질병의 근본적인 원인은 "율법의 저주"(갈라디아서 3:13)를 야기한 사탄이라고 본다. 그러므로 그 저주로부터 우리를 해방시킨 예수 그리스도가 사탄을 패배시켰으므로 죄와 함께 질병도 우리가 더 이상 겪을 이유와 필요가 없다고 보아야 한다는 것이다.

예수께서 우리의 죄만이 아니라 병도 속량하셨지만, 현재의 우리의 삶에서 치유가 항상 즉각적으로 일어나지 않는 것은 우리의 믿음이 부족하기 때문인가? 아니면 하나님의 특별한 섭리 때문이라고 보아야 하는가?

하나님은 나의 병을 고치실 수 있다. 하나님께서 나를 긍휼히 여기사 치료해 주실 것이다. 하나님이 원하시기만 하면 지금 당장이라도 낫게 하실 것이다. 그분은 자신이 보기에 가장 적당한 때에 나를 완전케 치료하실 것이다. 지금 당장 치유하시지 않을지라도 거기에는 내가 지금 당하는 병으로 인하여 아픔과 고통을 보상하고도 남을 만한 그런 특별한 이유가 있을 것이다.[30]

---

29 T.L.오스본[Osborn], 『성경적인 치유』, 김진호 역, 믿음의 말씀사, 2008, pp. 95-110. 초대교회에서는 질병을 사탄의 억압이라고 보았다.
30 정인석, 『위대한 의사, 예수 그리스도』, 쿰란출판사, 2004, p.221.

하나님과 그리스도께서는 믿는 모든 사람이 치유되기를 언제나 원하신다고 볼 수 있는가? 예를 들면 마가복음 1:40-42에 보이는 "한 나병환자가 예수께 와서 꿇어 엎드려 간구하여 이르되 원하시면 저를 깨끗하게 하실 수 있나이다 예수께서 불쌍히 여기사 손을 내밀어 그에게 대시며 이르시되 내가 원하노니 깨끗함을 받으라"라는 일화는 예수께서 아픈 사람의 치유를 언제나 "원하시는" 것이 분명하다는 점을 나타내시는 것으로 풀이된다.

오스본은 마가복음에서의 환자와 같이, "원하시면"이라고 야웨와 예수께 말하는 조건문은 "믿음을 파괴시키는 구문"이라고 본다.[31] 같은 맥락에서 마가복음 9:23-24의 "귀신이 그를 죽이려고 불과 물에 자주 던졌나이다 그러나 무엇을 하실 수 있거든 우리를 불쌍히 여기사 도와주옵소서 예수께서 이르시되 할 수 있거든이 무슨 말이냐 믿는 자에게는 능히 하지 못할 일이 없느니라 하시니"라는 부분에서도 예수께서 믿는 모든 사람을 위한 하나님과 그리스도 자신의 치유의 의지와 능력에 대한 믿음의 중요성을 강조하신 것으로 볼 수 있다.

따라서 우리는 하나님과 그리스도께서는 믿는 우리가 치유되기를 언제나 원하신다고 믿을 수 있다. 야웨는 "자비롭고 은혜롭고 노하기를 더디하고 인자와 진실이 많은"(출애굽기 34:6) 하나님이시며, 야웨 로페카Ropheka[여호와 라파Rapha], 즉 치료하시는 하나님(출애굽기 15:26)이시기 때문이다.

---

31   T.L.Osborn, *Healing the Sick*, Harrison House Publishers, 2022, pp.25-26.

일차적으로 병은 고통을 초래하는 우리의 잘못된 행동과 몸에 대한 부주의한 관리에 의해 야기된 결과로 볼 수 있다. 또한 "대부분의 고난은 자연재해, 자유의지에 따른 사고, 타락한 세상의 질병, 악한 사람이 (중독이나 방치로) 타인이나 자신에게 해를 끼칠 때 온다"는 것도 알 수 있다.[32] 좀 더 구체적인 예를 들면, 점점 더 많아지는 암 환자들을 위한 책의 저자는

> 암의 원인은 셀 수 없이 많지만 기본적으로 암은 과로와 더불어 지속적인 스트레스의 누적이 우리 몸의 자율신경 체계에 이상을 일으켜 세포 대사 체계를 망가뜨리고, 이에 수반되는 염증과 지속적인 저산소, 저체온, 고혈당의 내부 환경이 우리 몸의 암에 대한 방어 체계의 붕괴를 초래해 생깁니다.[33]

라고 쓰고 있다. 그는 병원의 일차적인 치료 후 철저한 자연적 치유로 자신의 암을 극복했다고 한다. 그는 몸의 면역력과 치유력이 회복되어 건강해지는 과정에서 암을 비롯한 질병이 치유된다고 말한다.[34]

---

32 성서유니언, 『개역개정 에브리데이 스터디 바이블』, 2021, p. 876.
33 주마니아, 『말기암 진단 10년, 건강하게 잘 살고 있습니다』, 에디터, 2022, p.81.
34 같은 책, p.244.

"자연적" 치유가 "의학적" 치료보다 더 나을 수도 그렇지 않을 수도 있다. 그 우월성이나 열등성은 둘 중 하나가 더 올바른 것이기 때문이 아니라 더 잘 낫게 하고 부작용도 더 적다는 이유로 판단되어야 한다. 물론 의학적 치료와 자연적 치유를 병행하는 것도 고려해 볼 수 있다.

"자연적" 치유라는 것을 "의학적" 치료와 대조적인 개념으로 볼 때는 대체보완의학으로 볼 수도 있는데, 아미트 고스와미는 『양자의사』에서 이 대체보완의학 체계를 3가지 유형으로 분류한다.[35]

> 첫 번째는 마음이 질병의 원인도 되고 치유도 할 수 있다는 심신치유이다.
>
> 두 번째는 비물질적 '생명력'인 미묘한 에너지, 프라나[*prana*] 또는 기(*chi*)가 치유를 할 수 있다는 개념이다.
>
> 세 번째는 모든 영적 치유의 치유자인 비물질적 영혼(또는 신)의 개념이다. 영적 치유는 신의 은총이다.

그리스도인이 추구할 수 있는 "자연적" 치유로서의 대체보완의학 체계는 고스와미가 세 번째로 언급한 "신[하나님]의 은총"과 관련되는 것으로 볼 수 있겠다.

---

35   아미트 고스와미[Amit Goswami], 『양자의사』, 최경규 역, 북랩, 2017, p.30.

아미트 고스와미는 『양자의사』의 "심신의학의 기법에 대한 양자적 설명"이
라는 제목의 장에서 크리스천 사이언스Christian Science와 메어리 베이커 에디
에 대해 간략하게 설명하고 있다.

> 흥미롭게도, 유명한 메리 베이커 에디Mary Baker Eddy는 마음으로 정확
> 하게 이런 목적[잘못된 의미를 주는 마음의 성향을 교정하는 것]을 가
> 지고 질병을 치유하는 기독교 과학 전통을 수립했다. 기독교 과학자들
> 은 질병은 환상이고(이것은 베단타의 궁극적인 의미에서도 사실이다), 질병
> 이 환상이라는 것을 깨달으면 마음(의식을 의미)이 어떤 질병도 치유할
> 힘을 가진다고 배운다. 또한 성경의 길을 따라 신앙요법[신앙치유]을
> 믿는 독실한 기독교인들도 있다.[36]

크리스천 사이언스는 미국에서 1879년에 메어리 베이커 에디에 의해 시작되
었다. 에디는 동종요법homeopathy, 물치료hydrotherapy와 같은 대체보완요법들
을 시도했다. 예수 그리스도의 신격deity을 부정하고, 신성divinity은 인정한다.
반삼위일체주의자들로 간주되기도 한다. 그녀에 의하면 크리스천 사이언스
의 치유는 "초자연적인 것이 아니고 최상으로 자연적인 것"이며, "하나님은
우리와 함께 하신다," 즉 임마누엘의 증거이다.

---

36   아미트 고스와미[Amit Goswami], 『양자의사』, 최경규 역, 북랩, 2017, p.250.

고통은 우리의 삶에서 필요한 요소이다. 고통을 겪을 때 우리는 인간의 한계를 직시할 수 있고 창조주 하나님께 절실하게 관심을 돌리게 된다. 그리스도인으로서는 하나님의 자녀로서의 영생이 진정한 목적이지 이 땅에서의 지속적인 신체적 건강이 삶의 목표가 될 수 없다. 그렇지만 예수 그리스도의 대속 희생으로 고통/고난의 원인인 죄가 씻어졌고 병이 나았으며, 질병과 죽음의 원천인 사탄도 예수 그리스도에 의해 정복되었다고 아는 확고한 믿음이 중요하다.

질병과 부상은 우리의 삶에서 가장 심각한 시련들에 속한다. 그러한 시련들 속에서 겪는 고통은 너무나 크기 때문에 적절하고 현명한 행동과정을 이해하는 것이 중요하다. 무엇보다도 당사자의 책임에 대해 정확하게 알 필요가 있다. 건강에 대한 개인의 책임은 질병이나 부상이 생기기 이전부터 중요한 문제이다. 하나님이 우리 각자에게 몸을 주셨고 그 몸을 잘 돌보아야 하는 책임도 주신 셈이다. 즉 적절한 휴식, 운동, 균형 잡힌 식사, 사고나 독성을 피해 자신의 몸을 소중하게 다루어야만 한다.

> 또 제자들에게 이르시되 그러므로 내가 너희에게 이르노니 너희 목숨을 위하여 무엇을 먹을까 몸을 위하여 무엇을 입을까 염려하지 말라 목숨이 음식보다 중하고 몸이 의복보다 중하니라(누가복음 12:22-23).

그리스도인이 앓게 되는 질병은 하나님이 그 그리스도인을 연단하시려는 목적을 지니는 징계의 방법이라는 관점이 있다.[37] 예를 들면 구약성경에는 율법을 어긴 자들을 하나님이 징벌하고 훈계하기 위해 그들에게 질병을 앓게 하신 것으로 보이는 사례들이 있는 것이 사실이다. 예를 들면 민수기 14:11-12에서

> 여호와께서 모세에게 이르시되 이 백성이 어느 때까지 나를 멸시하겠느냐 내가 그들 중에 많은 이적을 행하였으나 어느 때까지 나를 믿지 않겠느냐 내가 전염병으로 그들을 쳐서 멸하고 네게 그들보다 크고 강한 나라를 이루게 하리라.

라는 기록에서도 그 점이 암시된다. 물론 이 이야기에서는 모세가 용서를 간구한 후 "여호와께서 이르시되 내가 네 말대로 사하노라"(민수기 14:20)라고 되어 있는 것과 같이 그 당시 백성이 전염병으로 실제로 처벌받지는 않았다.

---

37   신체적 병이 하나님/신의 징계 때문이라는 것이 시편의 주제 중 하나이고, 고대 메소포타미아의 비탄 문학에서도 일반적인 주제였다고 한다. *Cultural Backgrounds Study Bible(NIV)*, p.915 참조.

M.T. 켈시의 『치유와 기독교』에서 언급되고 있는 것과 같이, 개신교 내에서도 "육신의 아버지가 그의 자녀들에게 징계를 주는 것처럼, 하나님도 영적인 아버지로서 질병이라는 징계를 통해 사람들에게 그의 사랑을 보이신다"는 주장을 하는 경우가 있다.

> 질병은 하나님께로부터 온다. 악, 또는 악마나 마귀로서 표현될 수 있는 존재가 질병의 원인이라고 말할 수 있는 근거는 없다. 질병이 물질적인 원인과 결과를 통해 생겨나는 것이라고 할지라도, 그것의 근원으로서 다른 어떤 분명한 원인을 찾을 수 없으므로, 다른 역경들과 마찬가지로 질병은 하나님이 어떤 이유에 의해 주시거나 또 허락하시는 것일 수밖에 없다.[38]

켈시는 그러한 견해가 그 당시 미국 성공회 기도서 속에 내포되어 있는데, 그것이 문자주의적이고 근본주의적 교회들에서는 호소력을 갖지 못한다고 부연하고 있다.

물론 야웨께서 우리를 다양한 방법으로 징계하실 수 있고, 그것을 통해 우리의 믿음이 더욱 강해질 수 있는 것은 사실이다. 그러나 야웨께서 그리스도인들을 징계하시기 위해 질병과 장애를 방법으로 사용하신다고 볼 수는 없다.

---

38   M.T. 켈시[Morton T.Kelesy], 『치유와 기독교』, 배상길 역 대한기독교출판사, 1986, pp.31-33.

마태복음 7:9-11에서

> 너희 중에 누가 아들이 떡을 달라 하는데 돌을 주며 생선을 달라 하는
> 데 뱀을 줄 사람이 있겠느냐 너희가 악한 자라도 좋은 것으로 자식에
> 게 줄 줄 알거든 하물며 하늘에 계신 너희 아버지께서 구하는 자에게
> 좋은 것으로 주시지 않겠느냐.

라고 예수께서 말씀하신 것과 같이, 하나님은 자신의 자녀들에게 나쁜 것들
을 주시지는 않는다.

　다윗도 시편 103:3에 보이듯이, "주님은 너의 모든 죄를 용서해 주시고 모
든 병을 고쳐주신다"(『표준새번역』)라고 확신했고, 시편 103:8-11에서도 "여
호와는 긍휼이 많으시고 은혜로우시며 노하기를 더디 하시고 인자하심이 풍
부하시도다 자주 경책하지 아니하시며 노를 영원히 품지 아니하시리로다"라
고 고백했듯이, 하나님의 풍부하신 "인자하심"[hesed=긍휼, 자비, 은혜]을 믿
을 수 있다. 그러므로 야웨께서 우리를 징계하시기 위해 우리에게 질병이나
장애를 주시지는 않는다고 믿는 것이 맞다.

히브리서 12:5-6의

> 내 아들아, 주님의 징계를 가볍게 여기지 말고, 그에게 꾸지람을 들을
> 때에 낙심하지 말아라. 주님께서는 사랑하시는 사람을 징계하시고, 받
> 아들이시는 아들마다 채찍질하신다(『새번역』).

라는 말씀에서의 "징계하다"discipline/*paideuo*라는 동사는 질병이나 장애를 겪
게 한다는 것이 아니라 훈련하고, 교육한다는 뜻으로 이해되어야 한다.[39] 잠
언 3:12에서 "대저 여호와께서 그 사랑하시는 자를 징계하시기를 마치 아비
가 그 기뻐하는 아들을 징계함같이 하시느니라"라는 말씀에서의 "징계"도 마
찬가지다. 그런데 "고난당한 것이 내게 유익이라 이로 말미암아 내가 주의 율
례들을 배우게 되었나이다"(시편 119:71)라는 말처럼 훈련과 교육은 우리에
게 어떤 방식으로든 고난을 감수하게 할 수 있다. 야고보가 "시험을 참는 자
는 복이 있나니 이는 시련을 견디어 낸 자가 주께서 자기를 사랑하는 자들에
게 약속하신 생명의 면류관을 얻을 것이기 때문이다"(야고보서 1:12)라고 말한
것과 같이 하나님의 징계가 우리에게 "시험" 혹은 "유혹"과 같은 "시련"trial/
*peirasmon*을 통해 훈련과 교육을 받을 수 있게 하지만, 하나님이 우리를 징계
하시기 위해 어떤 질병이나 장애를 방법으로 쓰시지는 않는다고 보아야 한
다.

---

39   T.L.Osborn, *Healing the Sick*, Harrison House Publishers, 2022, p.300.

하나님이 그의 목적을 이루시기 위해 필요하다고 보시는 때까지 징계, 즉 훈련과 교육을 위한 시련과 함께 질병이나 장애로 인한 고통을 견디도록 허용하실 수 있다. 왜냐하면 요한복음 9:2-5에서

> 제자들이 물어 이르되 랍비여 이 사람이 맹인으로 난 것이 누구의 죄로 인함이니이까 자기니이까 그의 부모니이까 예수께서 대답하시되 이 사람이나 그 부모의 죄로 인한 것이 아니라 그에게서 하나님이 하시는 일을 나타내고자 하심이라 때가 아직 낮이매 나를 보내신 이의 일을 우리가 하여야 하리라 밤이 오리니 그때는 아무도 일할 수 없느니라 내가 세상에 있는 동안에는 세상의 빛이로라.

라고 예수께서 말씀하신 것과 같이, 우리의 질병이나 장애를 포함한 시련과 고통이 "하나님이 하시는 일"을 결과적으로 나타내는 계기가 될 수도 있기 때문이다. 그 소경은 예수님의 치료를 받은 후 다른 사람들에게 "창세 이후로 맹인으로 난 자의 눈을 뜨게 하였다 함을 듣지 못하였으니 이 사람이 하나님 께로부터 오지 아니하였으면 아무 일도 할 수 없으리이다"(요한복음 9:31-33) 라고 예수 그리스도와 야웨 하나님께 영광을 돌리는 선포를 하게 된다. 요한복음 11:1-4에 나오는 죽은 나사로의 경우도 같은 맥락에서 읽을 수 있다.

> 어떤 병자가 있으니 이는 마리아와 그 자매 마르다의 마을 베다니에

사는 나사로라 이 마리아는 향유를 주께 붓고 머리털로 주의 발을 닦던 자요 병든 나사로는 그의 오라버니더라 이에 그 누이들이 예수께 사람을 보내어 이르되 주여 보시옵소서 사랑하시는 자가 병들었나이다 하니 예수께서 들으시고 이르시되 이 병은 죽을 병이 아니라 하나님의 영광을 위함이요 하나님의 아들이 이로 말미암아 영광을 받게 하려 함이라 하시더라.

우리는 우리의 질병이 결국 "하나님이 하시는 일"을, 하나님의 영광을, 드러내는 결과가 될 수 있다는 소망을 지니고 치유를 위해 기도해야 한다. 물론 기도와 함께 적절한 의학적 치료 혹은 근본적인 자연적 치유를 통한 노력을 계속해야 한다. 그와 같은 노력은 하병근이 『비타민 C 항암의 비밀』이라는 책에서

난치병 치료에는 신물질을 통한 질병관리 (Disease Care)와 자연물을 통한 건강관리 (Health Care)가 함께 이루어져야 한다 ...자연물을 이용해 우리 몸에 있어야 할 것들을 채워주며 면역체계를 바로잡아가야 한다. 그렇게 건강관리가 이루어지면 질병관리도 힘을 받고 이 둘의 공존은 환자를 일으켜 세운다.[40]

라고 쓰고 있는 것과 같은 관점에서 이해될 수 있다.

40   하병근, 『비타민 C 항암의 비밀』, 페가수스, 2010. p.123. p.179.

아픈 사람은 치유를 위해 하나님께서 개입해 주실 것을 진심으로 진지하게 기도드릴 수 있고 기도드려야 한다. 기도와 간구, 탄원으로 요청할 것을 하나님께서 요구하신다.

> 아무것도 염려하지 말고 다만 모든 일에 기도와 간구로, 너희 구할 것을 감사함으로 하나님께 아뢰라(빌립보서 4:6).

누가복음 11:8에서 "내가 너희에게 말하노니 비록 벗 됨으로 인하여서는 일어나서 주지 아니할지라도 그 간청함을 인하여 일어나 그 요구대로 주리라"고 그리스도께서 말씀하신 대로, 지속적으로 그렇게 해야 한다. 하나님의 의지는 언제나 고착되거나 불변의 것이 아니라 때로는 의인들의 기도에 따라 변경될 수도 있기 때문이다. 한계는 있겠지만 우리의 기도는 하나님의 의지를 때로는 변경시킬 수도 있다.

물론 하나님의 궁극적인 의지가 무엇인지에 따라 다르다. 그리스도가 고통의 잔을 피할 수 있기를 기도하면서도 하나님의 뜻에 따르겠다고 하신 것과 같다.

> 아버지, 아버지께서는 하시고자만 하시면 무엇이든 다 하실 수 있으시니 이 잔을 저에게서 거두어 주소서. 그러나 제 뜻대로 마시고 아버지의 뜻대로 하소서(마태복음 26:39, 『공동번역』).

37

야웨께서 우리의 기도를 틀림없이 들어주실 것이라고 확신할 경우, 그것을 이미 이루어진 것으로, 즉 "예언적 완료"prophetic perfect의 문장으로 나타낼 수 있다. 미래에 절대적으로 일어날 일을 이미 일어난 것으로 과거형으로 진술하는 "예언적 완료"는, 예를 들면 마가복음 11:24에서 예수께서

> 그러므로 내가 너희에게 말하노니 무엇이든지 기도하고 구하는 것은 받은 줄로 믿으라 그리하면 너희에게 그대로 되리라.

고 하신 말씀에서 이미 "받은 줄로" 믿으라고 하신 것도 하나의 예가 된다. 이것은 어떤 일을 "페타 콤플리"*fait accompli*, 즉 "이미 일어난, 기정사실"로 표현하는 것과 같다. 치유를 위해 기도하면서 그 치유가 "이미 일어난, 기정사실"이라고 믿는 것은 그 치유를 불확실한 미래의 일로 여기며 불안한 마음으로 있는 것과는 대단히 큰 차이가 있을 것이다.

> 내가 산의 뿌리까지 내려갔사오며 땅이 그 빗장으로 나를 오래도록 막았사오나 나의 하나님 여호와여 주께서 내 생명을 구덩이에서 건지셨나이다(요나 2:6).

고래의 뱃속에서 하는 그와 같은 요나의 말도 예언적 완료의 예이다.

"신념요법"을 강조하는 전홍준이 "이루기 원하는 일이 이미 이루어졌음을 단
정적으로 표현하고 그 이루어진 모습을 영상적 이미지로 상상하기를 습관적
으로 반복하기"라고 그 "신념요법"을 정의하고

> 자신이 믿는 종교와 신앙, 철학적 신념이 무엇이든지 자신의 신념 체
> 계를 따라서 기도하거나 어떤 문구, 노래 가사를 지어서 활용할 수 있
> 습니다. 중요한 것은 마음 가운데 의심의 여지가 없는 확실한 믿음이
> 있어야 효과가 있습니다. 기도의 문구를 쓸 때는 "나를 낫게 해 주십
> 시오"나 "낫게 해 주시기를 바랍니다" "앞으로 낫게 될 것을 믿습니
> 다" 같은 것보다 "이미 다 나았음을 믿습니다. 그러니 감사합니다"와
> 같이 다 이루어졌다는 완료형의 단정적인 말을 쓰는 것이 좋습니다.

라고 권고하는 것은 "예언적 완료" 언어 사용의 효능에 대한 믿음을 보여 준
다.[41] 어떤 바라는 일이 조만간 확실히 일어날 것이라는 확신에 의해 그 일이
과거에 이미 일어난 것이라고 말하는 이 "예언적 완료" 시제는 현재의 충만
한 삶을 지향한다. 그 점에서는 "지금"과 "여기"를 중시하는, 이른바 "마음챙
김"mindfulness의 삶과 다르지 않다.

41　전홍준, 『나를 살리는 생명 리셋』, 서울셀렉션, 2022, pp.513-514.

"확실한 믿음"의 예로 마태복음 14:22-33의 일화를 들 수 있다. 제자들이 탄배를 향해 호수 위로 걸어오시는 예수님을 보고 비명을 지르며 놀랐던 베드로가 "용기를 내라. 나다. 두려워하지 말라"고 하시는 예수께

> 베드로가 대답하여 이르되 주여 만일 주님이시거든 나를 명하사 물 위로 오라 하소서 하니 오라 하시니 베드로가 배에서 내려 물 위로 걸어서 예수께로 가되 바람을 보고 무서워 빠져 가는지라 소리질러 이르되 주여 나를 구원하소서 하니 예수께서 즉시 손을 내밀어 그를 붙잡으시며 이르시되 믿음이 적은 자여 왜 의심하였느냐 하시고 배에 함께 오르매 바람이 그치는지라.

라는 이 일화도 "확실한 믿음"의 중요성에 대한 말씀으로 읽을 수 있다. "믿음"은 히브리서 11:1의

> 믿음은 무엇입니까? 믿음은 우리가 바라는 것이 반드시 이루어진다는 확신이 아니겠습니까? 또한 아직 눈앞에 보이지 않는 미래의 일일지라도 우리가 기대하는 것이 반드시 우리를 기다리고 있다는 것을 의심하지 않는 게 아닙니까?(『현대어 성경』)

라는 말에서 "바라는 것이 반드시 이루어진다는 확신"으로 정의된다.

마가복음에는 혈루병 여인 이야기가 다음과 같이 누가복음보다 조금 더 자세히 묘사되어 있다. (마태복음 9:20-22에서도 같은 이야기가 나온다.)

> 열두 해를 혈루증으로 앓아 온 한 여자가 있어 많은 의사에게 많은 괴로움을 받았고 가진 것도 다 허비하였으되 아무 효험이 없고 도리어 더 중하여졌던 차에 예수의 소문을 듣고 무리 가운데 끼어 뒤로 와서 그의 옷에 손을 대니 이는 내가 그의 옷에만 손을 대어도 구원[*sozo*]을 받으리라 생각함일러라 이에 그의 혈루 근원이 곧 마르매 병이 나은 [*iaomai*] 줄을 몸에 깨달으니라 예수께서 그 능력이 자기에게서 나간 줄을 곧 스스로 아시고 무리 가운데서 돌이켜 말씀하시되 누가 내 옷에 손을 대었느냐 하시니 제자들이 여짜오되 무리가 에워싸 미는 것을 보시며 누가 내게 손을 대었느냐 물으시나이까 하되 예수께서 이 일 행한 여자를 보려고 둘러 보시니 여자가 자기에게 이루어진 일을 알고 두려워하여 떨며 와서 그 앞에 엎드려 모든 사실을 여쭈니 예수께서 이르시되 딸아 네 믿음이 너를 구원[*sozo*]하였으니 평안히 가라 네 병에서 놓여 건강할지어다(마가복음 5:25-34).

그 여인의 행동은 "후츠파"*chutzpah*(누가복음 11:5-8에서 친구의 강청을 결국 들어 주게 되는 사람의 이야기를 통해 예수께서 언급하시는, 집요하게 도전하는 태도)[42]를 보여 주는 것으로 이해되기도 한다.

---

42 『유대인 신약성경』(데이비드 스턴David H. Stern, 브래드북스 번역, 2021)에서는 이 개념을 "뻔뻔함"이라고 옮기고 있다(p.188).

프레드릭 가이저는 혈루병 여인 이야기에 대한 해설에서 단순한 신체적 질병의 치유만이 아니라 진정한 구원의 의미에 대해 말한다.

> 그 여인은 예수님을 만졌다. 그리고 즉시 그녀는 '병이 나은 줄을'*ioamai* 알게 되었다. 그러나 구원*sozo*받지는 못했다. 예수님과의 대화를 통해서, 그렇게 열린, 정직한 대화에서 '모든 사실을 여쭈니' 그때서야 '병에서 놓여' [구원받게] 된 것이다. 이러한 해석이 중요한 이유는 치유를 신체적 접촉을 통해 자동적으로 일어난 것으로 보는 것, 즉 예수를 '단지' 기적 행사자로 보는 해석으로부터 벗어나게 한다는 데 있다. 진정한 치유 혹은 구원받게 되는 것은 말, 대화, 그리고 약속을 포함하는 예수와의 개인적 만남 속에서 이루어지는 것이다.[43]

위의 인용문에는 인간의 진정한 치유의 뜻으로 쓰이는 "소조"*sozo*와 질병의 즉각적인 기적적 치료나 악한 영으로부터의 해방을 뜻하는 "이아오마이"*iaomai*가 보인다. "이아오마이"는 고린도전서 12:28에 나오는 "병 고치는 은사"[*charismata of iamaton*]의 "병 고치는" 것을 뜻하는 것으로 쓰이기도 한다.[44]

---

43 Frederick J. Gaiser, *Healing in the Bible*. Baker Academic, 2010. p.168.

44 참고로 치유와 관련된 신약성경에서의 5개의 그리스어 단어들은 앞에서 언급한 "소조"*sozo*와 "이오아마이"*ioamai*를 포함하여 "디아소조"*diasozo*, "테라퓨오"*therapeuo*와 "테라페이아" *therapeia* 등이 있다. 〈https://somelostbibletruths.weebly/divine-healing.html〉

42

혈루증을 앓는 여인이 예수님의 옷자락만 만져도 자신의 병이 낫게 되리라는 믿음을 지녔다는 데에서 살펴볼 수 있는 것은 "렐릭"relic, 즉 성스러운 유물의 치유력이다. 예를 들면 사도행전 19:11-12에서도

> 하나님이 바울의 손으로 놀라운 능력을 행하게 하시니 심지어 사람들이 바울의 몸에서 손수건이나 앞치마를 가져다가 병든 사람에게 얹으면 그 병이 떠나고 악귀도 나가더라.

에서 언급된 바울의 "손수건"이나 "앞치마"와 같이, 믿는 사람들에게 신비로운 치유의 효력이 발휘되는 특정의 사물이 유품, 성골, 유물 등으로 번역되는 "렐릭"이다.[45] 불교에서는 석가모니의 사후 치아를 비롯한 신체의 부분들이, 진신사리를 포함하여, 여러 지역으로 옮겨지고 탑 속에 안치된 예를 들 수 있다. 혈루병 여인이 만진 예수님의 옷자락이나 바울의 손수건 같은 것은 이른바 "접촉 렐릭"과 연관된 것이라고 할 수 있다.[46] 프랜시스 실로스 신부의 뼛조각도 그와 같은 뜻에서의 렐릭이라고 할 수 있다.

---

45 Roanald A. N. Kydd, *Healing through the Centuries: Models of Understanding* Hendrickson, 1998, 114-140.

46 Sally M. Promey, ed. *Sensational Religion: Sensory Cultures in Material Practice.* Yale UP, 2014, pp.205-214.

43

열왕기하 13:20-21에서 우리는

> 엘리사가 죽으니 그를 장사하였고 해가 바뀌매 모압 도적 떼들이 그
> 땅에 온지라 마침 사람을 장사하는 자들이 그 도적 떼를 보고 그의 시
> 체를 엘리사의 묘실에 들이던지매 시체가 엘리사의 뼈에 닿자 곧 회
> 생하여 일어섰더라.

라는 기이한 기록을 읽게 되는데, 선지자 엘리사의 "뼈"가 일종의 치유력이
있는 "렐릭"이 되는 예라고 할 수 있다.

베드로와 바울과 같은 사도들도 소마터지스트Thaumaturgist, 즉 이른바 마법
사들처럼 초자연적 방식으로 치료를 포함한 예외적인 일들을 할 수 있는 사
람들이었다고 볼 수는 없다. 치유를 가능하게 하고, 나아가서 구원으로 인도
한 것은 하나님의 능력이라고 보아야 한다.

20세기 초에 유럽에서 경배의 대상이 되었던 30개가량의 "성스러운 못들"
도 있지만, 가시나무 면류관처럼 그러한 렐릭들은 신빙성이 의심되는 것들이
대부분인 것 같다. 튜린 수의도 렐릭 중 하나이지만, 십자가를 짊어지고 가시
는 예수님의 이마의 땀을 닦을 때 쓴 것이라는 베로니카의 베일과 마찬가지
로 검증된 것으로 보기는 힘들다. 그렇지만 특히 예수 그리스도의 수난과 관
련된 렐릭들은 진위 여부와 관계없이 그것들을 소중하게 여기는 사람들에게
강한 정서적, 치유적 영향력을 가지고 있음을 부정할 수 없다.

44

오순절/은사주의pentecostal/charismatics 운동에 많은 영향을 준 스미스 위글스워스는

> 병원에 입원한 어떤 사람은 저의 손수건을 가져다가 환부에 놓자 종양이 치유되었습니다. … 그녀는 수건을 친구에게 놓은 후 수요일에 다시 병원을 방문했는데, 그 친구는 자신이 수술을 위해 마취제를 맞았다고 말했습니다. 그런데 다시 의식을 찾고 나니 의사들이 수술을 하지 않은 상태였습니다. 왜냐하면 수술할 필요가 없었기 때문이었습니다. 그녀는 깨끗하게 고침을 받았습니다.[47]

라고 자신의 치유 은사의 경험에 대해 말한다. 여기 나오는 "기도 손수건"과 같은 "렐릭"의 신비로운 치유 능력에 대해서는 비판적 시각이 있다.

> 렐릭들은 기도의 대상이 되거나 숭배되어서는 안 된다. 어떤 식으로든 하나님과 더 좋은 관계를 맺는 수단으로 이용되어서는 안 된다. 렐릭들을 그렇게 부적들처럼 사용하면 우상숭배가 된다. 우리는 주님을 영과 진리로 숭배해야 한다.[48]

---

47 스미스 위글스워스[Smith Wigglesworth], 『스미스 위글스워스의 병고침』, 김광석 역, 도서출판 순전한 나드, 2015, pp.143-44.
48 〈https://www.gotquestions.org/Christian-relics.html〉

케네스 E. 해긴은 치유의 정도를 결정하는 2가지 조건들은 치유받게 되는 사람에게 행사되는 치유의 능력의 정도와 그 치유의 능력을 작동시키기 위해 그 사람이 나타내는 믿음의 정도라고 쓰고 있다.[49] 치유는 점진적으로 이루어질 수도 있고, 즉각적으로 실현될 수도 있는데, 바울이 에베소서 2:8-9에서

> 너희는 그 은혜[은총, grace]에 의하여 믿음으로 말미암아 구원을 받았으니 이것은 너희에게서 난 것이 아니요 하나님의 선물[은사, gift]이라 행위에서 난 것이 아니니 이는 누구든지 자랑하지 못하게 함이라.

고 했듯이, 구원은 우리의 믿음이 그것의 기본적인 조건이지만, 그것만으로 가능한 것이 아니며, 또한 우리의 행위에 의해 가능해지는 것도 아니고, 야웨 하나님의 은총과 은사라는 것이 강조되어야 한다.

> 사람은, 그리스도 예수 안에서 얻는 구원으로 말미암아. 하나님의 은혜로 값없이 의롭다는 선고를 받습니다(로마서 3:24, 『새번역』).

---

49 Kenneth E. Hagin, *Bible Healing Study Course.* Rhema Bible Church, 1999. Chpater 19. 이 책은 오태용의 번역으로 『성경적 치유와 건강』이라는 제목으로 출간되어 있다.

46

모세 시대 때 불뱀에게 물린 히브리인들은 모세가 하나님의 지시에 따라 구리로 만들어 장대에 매달아 놓은 뱀 형상을 쳐다보면 치유되었다는 기록이 있다. 하나님께서 놋뱀을 통한 치유책을 제공해 주셨고 불뱀에게 물린 증상을 보지 않고 치유책인 그 놋뱀을 쳐다보면 치유되게 하셨듯이, 그리고 요한복음 3:14-15에서 "모세가 광야에서 뱀을 든 것 같이 인자도 들려야 하리니 이는 그를 믿는 자마다 영생을 얻게 하려 하심이니라"고 한 것과 같이, 아픈 그리스도인은 치유와 구원을 위해 질병의 증상이 아니라 치유책인 예수 그리스도를 바라보아야 한다.

> 백성이 하나님과 모세를 향하여 원망하되 어찌하여 우리를 애굽에서 인도해 내어 이 광야에서 죽게 하는가 이곳에는 먹을 것도 없고 물도 없도다 우리 마음이 이 하찮은 음식을 싫어하노라 하매 여호와께서 불뱀들을 백성 중에 보내어 백성을 물게 하시므로 이스라엘 백성 중에 죽은 자가 많은지라 백성이 모세에게 이르러 말하되 우리가 여호와와 당신을 향하여 원망함으로 범죄하였사오니 여호와께 기도하여 이 뱀들을 우리에게서 떠나게 하소서 모세가 백성을 위하여 기도하매 여호와께서 모세에게 이르시되 불뱀을 만들어 장대 위에 매달아라 물린 자마다 그것을 보면 살리라 모세가 놋뱀을 만들어 장대 위에 다니 뱀에게 물린 자가 놋뱀을 쳐다본즉 모두 살더라(민수기 21:5-9).

47

남 유다의 13대 왕인 히스기야는 25세 때부터 29년 동안 통치한 의로운 왕이었다. 그는 사악한 아하즈 왕의 아들인데, 후계자 므낫세도 최악의 왕이었다. 이름이 "야웨는 나의 힘이시다"라는 뜻인 히스기야의 기도를 아픈 그리스도인들은 자주 생각하게 된다.

> 그 때에 히스기야가 병들어 죽게 되매 아모스의 아들 선지자 이사야가 그에게 나아와서 그에게 이르되 여호와의 말씀이 너는 집을 정리하라 네가 죽고 살지 못하리라 하셨나이다 히스기야가 낯을 벽으로 향하고 여호와께 기도하여 이르되 여호와여 구하오니 내가 진실과 전심으로 주 앞에 행하며 주께서 보시기에 선하게 행한 것을 기억하옵소서 하고 히스기야가 심히 통곡하더라(열왕기하 20:1-3).

"네가 죽고 살지 못하리라"라는 예언자 이사야의 말을 들었을 때 히스기야는 즉시 하나님께 기도드림으로써 자신의 생명의 원천이 하나님에게 있다는 사실에 대한 그의 신실한 믿음을 보여 주었다. 역대기하 32:16에서 "하나님의 종"으로 기록된 히스기야는 열왕기하 18:5-7에서 유다의 왕 중에서 그의 앞이나 뒤에 그 왕만 한 사람이 없었다는 평을 들을 정도로 하나님에게 충실했다.

히스기야는 "자신에게 의존하는 사람들, 그래서 자신이 안전과 생존의 책임을 져야 하는 도시, 왕국, 세상의 사람들을 위해 기도할 때나 그 자신의 치유와 생명의 유지를 위해 기도할 때도, 진지하고, 강력하며, 효과적인 기도를 하는 사람의 삶을 예증한다."[50]

김경수는 『히스기야의 치유기도』라는 제목의 소책자에서 "지금 우리에게 필요한 것은 히스기야의 기도이다… 지금 우리는 히스기야처럼 어려움을 만날 때에 자신과 이웃들을 위해서 기도를 해야 한다"고 쓰고 아래와 같은 기도문을 작성한다.

> 우리의 기도를 언제나 들으시는 하나님 아버지! 질병을 통하여 당신의 뜻을 알게 하시니 감사를 드립니다. 사람의 죽고 사는 것은 주님에게 있사오니 이 병을 통하여 주님과 더욱 가까워지는 기회가 있게 해주시옵소서. 이제까지 살아온 길을 뒤돌아보며, 회개의 기도를 드립니다. 참된 감사를 잊고 살아왔사오니 주님 용서하여 주옵소서. 주님의 말씀을 알고 있었습니다만, 그 뜻대로 순종하지 못하였던 과거도 용서하여 주옵소서. 다시 한 번 주님을 위하여 살 수 있는 기회를 주시기를 바랍니다. 우리의 기도와 눈물을 보시옵소서 말기 암으로 너무 고통스러워하고 있사오니 하나님께서 치료해 주시옵소서. 깊은 수렁 속에서 구원의 손을 기다리나이다. 모두가 포기하여도 주님이 포기하지 않으시면, 우리는 소망이 있습니다. 주의 오른손과 막대기가 언제나 성도님을 안위해 주옵시고, 함께하여 주시기를 간구합니다. 예수 그리스도의 이름으로 기도합니다. 아멘.[51]

50 　W.D. Crowder, *The Three Miraculous Prayers of King Hezekiah*. Bloomington, iUniverse, 2013, p.65.
51 　김경수, 『히스기야의 치유기도』, 청우, 2021, p.165.

열왕기하 20:4-7을 인용하면 다음과 같다.

> 이사야가 성읍 가운데까지도 이르기 전에 여호와의 말씀이 그에게 임하여 이르시되 너는 돌아가서 내 백성의 주권자 히스기야에게 이르기를 왕의 조상 다윗의 하나님 여호와의 말씀이 내가 네 기도를 들었고 네 눈물을 보았노라 내가 너를 낫게 하리니 네가 삼 일 만에 여호와의 성전에 올라가겠고 내가 네 날에 십오 년을 더할 것이며 내가 너와 이 성을 앗수르 왕의 손에서 구원하고 내가 나를 위하고 또 내 종 다윗을 위하므로 이 성을 보호하리라 하셨다 하라 하셨더라 이사야가 이르되 무화과 반죽을 가져오라 하매 무리가 가져다가 그 상처에 놓으니 나으니라.

히스기야의 질병은 종기 혹은 암으로 여겨지는데, 야웨의 치유가 이사야가 처방한 "무화과 반죽"이라는 일종의 의료적 수단을 통해 이루어졌다고 볼 수 있겠다. 다시 말하면 히스기야를 위한 치유는 "무화과 반죽"이라는 매개체를 통해 하나님이 개입하신 결과로 이루어진 것이다. 그런데 "무화과 반죽" 같은 매개체를 이용하지 않아도 질병을 고칠 수 있는 하나님이 굳이 그와 같은 매개체를 왜 필요로 했는지 의문이 생길 수 있다. 자신의 능력을 사람들에게 직접 "시각적으로" 알게 해 주는 도구로 무화과를 사용하셨던 것은 아닐까?

선지자 엘리사가 여리고에 머무르고 있을 때

성읍 사람들이 엘리사에게 말하였다. "스승께서도 보시다시피 저희 성읍은 매우 좋은 곳에 자리 잡고 있습니다. 그러나 물이 나빠서 이 고장에서는 자식을 낳을 수 없습니다." 이 말을 듣고 엘리사는 새 그릇에 소금을 담아오라고 하였다. 그들이 그릇에 소금을 담아 가져오자 엘리사는 샘터에 가서 그 소금을 뿌리며 말하였다.

야훼께서 말씀하신다. "내가 이 물을 정하게 하리라. 이제 다시는 사람들이 이 물 때문에 죽거나 유산하는 일이 없을 것이다."

그 물은 엘리사가 말한 대로 정하여져서 오늘에 이르렀다(열왕기하 2:19-22, 『공동번역』).

엘리사가 성읍 사람들에게 가져오라고 한 "새 그릇"과 "소금," 그리고 그 소금을 샘터에 가서 뿌리는 행동은 이사야가 무화과 열매를 이용한 찜질 약으로 히스기야를 치료한 것과 같은 맥락에서 이해해 볼 수 있다.

약들이나 다른 치료 수단을 이용하는 것이 하나님에 대한 불신의 행동이라고 보는 것은 비성경적이다. 히스기야를 치료한 "무화과 반죽"이나 여리고 성읍의 물을 정화한 "소금"과 같이 치유하는 수단 혹은 그것을 활용하는 사람을 야훼께서 허용하신다고 보아야 한다.

어떤 사마리아 사람은 여행하는 중 거기 이르러 그를 보고 불쌍히 여겨 가까이 가서 기름과 포도주를 그 상처에 붓고 싸매고 자기 짐승에 태워 주막으로 데리고 가서 돌보아 주니라 그 이튿날 그가 주막 주인에게 데나리온 둘을 내어 주며 이르되 이 사람을 돌보아 주라 비용이 더 들면 내가 돌아올 때에 갚으리라 하였으니(누가복음 10:25-37).

이 선한 사마리아인 이야기에서도 그 당시에 의약품으로도 사용되었던 "기름"과 "포도주"에 대한 언급이 나온다.

이 말씀을 하시고 땅에 침을 뱉어 진흙을 이겨 그의 눈에 바르시고 이르시되 실로암 못에 가서 씻으라 하시니 (실로암은 번역하면 보냄을 받았다는 뜻이라) 이에 가서 씻고 밝은 눈으로 왔더라 … 네 눈이 어떻게 떠졌느냐 대답하되 예수라 하는 그 사람이 진흙을 이겨 내 눈에 바르고 나더러 실로암에 가서 씻으라 하기에 가서 씻었더니 보게 되었노라 그들이 이르되 그가 어디 있느냐 이르되 알지 못하노라 하니라(요한복음 9:6-12).

라고 한 부분에 보이는 "침"과 "진흙"도 매개물인데, 물론 그와 같은 물리적 수단들의 치료적 성분들보다도 순종의 행동이 그들을 치유한 것이라고 보는 것이 맞다.

히스기야와 관련된 치유 일화에서 우리가 "무화과 반죽"보다도 더 주목해야
하는 것은 그가

> 얼굴을 벽으로 향하고 여호와께 기도하여 이르되 여호와여 구하오니
> 내가 주 앞에서 진실과 전심으로 행하며 주의 목전에서 선하게 행한
> 것을 기억하옵소서 하고 히스기야가 심히 통곡하니 이에 여호와의 말
> 씀이 임하여 이르시되 너는 가서 히스기야에게 이르기를 네 조상 다
> 윗의 하나님 여호와께서 이같이 말씀하시기를…(이사야 38:3-4)

에 보이듯이, 하나님께 진심으로 기도했다는 점이다. "내가 네 기도를 들었고
네 눈물을 보았노라"(이사야 38:5)고 하신 데서 알 수 있듯이, "진실과 전심으
로" 살았던 히스기야의 기도를 "치료하시는 하나님" 야웨께서 들어주셨다.

> 백성이 모세에게 원망하여 이르되 우리가 무엇을 마실까 하매 모세가
> 여호와께 부르짖었더니 여호와께서 그에게 한 나무를 가리키시니 그
> 가 물에 던지니 물이 달게 되었더라 … 너희가 너희 하나님 나 여호와
> 의 말을 들어 순종하고 내가 보기에 의를 행하며 내 계명에 귀를 기울
> 이며 내 모든 규례를 지키면 내가 애굽 사람에게 내린 모든 질병 중 하
> 나도 너희에게 내리지 아니하리니 나는 너희를 치료하는 여호와임이
> 라(출애굽기 15:24-26).

52

히스기야보다 앞선 시대의 다윗왕의 경우는 야웨께서 기도를 들어주시지 않았던 예를 보여 준다. 밧세바가 낳은 아이가 병이 들었을 때 다윗은 식음을 폐하고 땅에 엎드려 그 아이의 병을 낫게 해 주시기를 간구하며 기도했다. 사무엘하 12:15-23에서 그 일화를 읽을 수 있다.

> 나단이 자기 집으로 돌아가니라 우리아의 아내가 다윗에게 낳은 아이를 여호와께서 치시매 심히 앓는지라 다윗이 그 아이를 위하여 하나님께 간구하되 다윗이 금식하고 안에 들어가서 밤새도록 땅에 엎드렸으니 그 집의 늙은 자들이 그 곁에 서서 다윗을 땅에서 일으키려 하되 왕이 듣지 아니하고 그들과 더불어 먹지도 아니하더라 이레 만에 그 아이가 죽으니라(사무엘하 12:15-18).

야웨께서는 다윗의 기도에도 불구하고 그 아이를 살려주지 않으셨다. 예수님에 의해 고침을 받았던 소경이 "하나님이 죄인을 듣지 아니하시고 경건하여 뜻대로 행하는 자는 들으시는 줄을 우리가 아느니라"(요한복음 9:31)고 한 말에도 보이듯이, 자신의 부하였던 우리아의 아내 밧세바를 부정한 방법으로 취한 다윗의 기도를 야웨께서는 들어주지 않으셨다.

53

너희가 손을 펼 때에 내가 내 눈을 너희에게서 가리고 너희가 많이 기도할지라도 내가 듣지 아니하리니 이는 너희의 손에 피가 가득함이라 너희는 스스로 씻으며 스스로 깨끗하게 하여 내 목전에서 너희 악한 행실을 버리며 행악을 그치고 선행을 배우며 정의를 구하며 학대 받는 자를 도와 주며 고아를 위하여 신원하며 과부를 위하여 변호하라 하셨느니라(이사야 1:15-17).

라고 이사야가 말한 것과 같이, 다윗의 경우와 마찬가지로 병의 치유를 위한 기도도 믿음만이 아니라 선행 혹은 하나님의 뜻을 따르는 행동을 수반해야 한다.

　물론 믿음과 선행이 기도의 응답이나 치유를 언제나 보장하는 것은 아니다. 하나님은 자신의 목적에 따른 특별한 섭리에 의해 결정하시기 때문이다. 야웨께서 기도를 들어주지 않으셨지만 다윗은 실의에 빠지거나 야웨를 원망하지 않는다.

아이가 살았을 때에 내가 금식하고 운 것은 혹시 여호와께서 나를 불쌍히 여기사 아이를 살려 주실는지 누가 알까 생각함이거니와 지금은 죽었으니 내가 어찌 금식하랴 내가 다시 돌아오게 할 수 있느냐 나는 그에게로 가려니와 그는 내게로 돌아오지 아니하리라 하니라(사무엘하 16:20-23).

54

다윗의 태도는 히스기야가 병으로부터 회복된 이후에 말하는, "겸손하게" 걷는 자세와 비슷하다.

> 주께서 사자 같이 나의 모든 뼈를 꺾으시오니 조석간에 나를 끝내시리라 나는 제비 같이, 학 같이 지저귀며 비둘기 같이 슬피 울며 내 눈이 쇠하도록 앙망하나이다 여호와여 내가 압제를 받사오니 나의 중보가 되옵소서 주께서 내게 말씀하시고 또 친히 이루셨사오니 내가 무슨 말씀을 하오리이까 **내 영혼의 고통으로 말미암아 내가 종신토록 방황하리이다** 주여 사람이 사는 것이 이에 있고 내 심령의 생명도 온전히 거기에 있사오니 원하건대 나를 치료하시며 나를 살려 주옵소서 보옵소서 내게 큰 고통을 더하신 것은 내게 평안을 주려 하심이라 주께서 내 영혼을 사랑하사 멸망의 구덩이에서 건지셨고 내 모든 죄를 주의 등 뒤에 던지셨나이다 스올이 주께 감사하지 못하며 사망이 주를 찬양하지 못하며 구덩이에 들어간 자가 주의 신실을 바라지 못하되 오직 산 자 곧 산 자는 오늘 내가 하는 것과 같이 주께 감사하며 주의 신실을 아버지가 그의 자녀에게 알게 하리이다 여호와께서 나를 구원하시리니 우리가 종신토록 여호와의 전에서 수금으로 나의 노래를 노래하리로다(이사야 38:10-20).

그런데 위에서 진하게 인쇄한 15절에서의 "내 영혼의 고통으로 말미암아 내가 종신토록 방황하리이다"라는 부분은 번역본에 따라 다르게 되어 있는 것을 볼 수 있다. 예를 들면 『貫珠 聖經全書』에는 "내 靈魂의 苦痛을 因하여 내가 終身토록 恪勤히 行하리이다"라고 되어 있다. ("恪勤히"[각근히]라는 말은 "정성을 다하여 부지런히"라는 뜻이다.) 또한 『공동번역 성서(개정판)』에서는 "내 마음의 슬픔 때문에 잠도 멀리 도망치고 말았습니다"로 옮기고 있다. 영역본 들에서는 "천천히"slowly, " 조심스럽게"carefully 등으로 번역하고 있다. 예를 들면 『유대인 스터디 바이블』The Complete Jewish Study Bible에는

내가 얼마나 참담했는지 기억하면서
나는 평생을 겸손하게 지내리라
I will go humbly all my years
Remembering how bitter I was

라고 번역되어 있다.

개역개정판을 활용한 『프리셉트 성경』에는 이 15절에 대한 주에서 히브리어 원어에 대해 "원뜻은 천천히 가다, 살며시 움직이다, 조심스럽고 겸허하게 행동하다"는 뜻이라고 주해한다. 『현대인의 성경』에서는 "여호와께서 나에게 말씀하시고 이 일을 행하셨으니 내가 무슨 말을 할 수 있겠는가? 내가 이 고통을 생각하며 여생을 겸손한 마음으로 살아가리라"고 번역하고 있다.

그리스도인은, 물론 그리스도인이 아닐지라도, 병이 낫게 된 후 혹은 병 중에도 천천히 가고, 살며시 움직이며, 조심스럽고 겸허하게 행동하는 것이 반드시 필요하다는 점에서 히스기야의 기도와 감사의 시는 시사하는 바가 많다. 이 15절에 대해 『NIV 성경신학 스터디 바이블』*NIV Biblical Theology Study Bible*에서는 "살아있는 하루 하루를 선물로 여기며" 살 것이라는 히스기야의 결심이라고 주해한다.

그러나 불행하게도, 히스기야는 하나님의 도움으로 질병으로부터 벗어난 이후 하나님의 시험을 통과하지 못했다. 역대하 32:31에서 "그러나 바빌론 방백들이 히스기야에게 사신을 보내어 그 땅에서 나타난 이적을 물을 때에 하나님이 히스기야를 떠나시고 그의 심중에 있는 것을 다 알고자 하사 시험하셨더라"고 되어 있는데, 히스기야는 예루살렘에 있는 병기고의 모든 것들과 기타 보물들을 바빌론 왕의 아들에게 다 보여주고 만다. 예루살렘을 위험에 빠지게 한 히스기야의 행동을 이사야가 책망하고 그와 그의 나라에 닥치게 될 불행에 대해 예언한다. 그런데 히스기야는 자신이 살아있는 동안에 누릴 수 있는 평화와 안전에만 관심을 갖는 잘못을 또 저지른다. 결국 그의 사후 후계자 므낫세 시대에 이방 신들에 대한 숭배가 다시 시작된다.

히스기야 이야기에서 얻을 수 있는 5개의 교훈들에 대해 다음과 같이 정리해 볼 수 있다.[52]

첫째, 히스기야는 비록 사악하고 부도덕한 문화 속에서 살았지만 그의 우선권은 하나님에게 고착하고 자신의 백성들을 갱신된 숭배로 인도하는 데에 있었다.

둘째, 하나님에 대한 히스기야의 사랑과 그를 만족시키려는 욕망이 그의 수명을 연장시킬 수 있게 했다.

셋째, 히스기야는 고난의 시대에 누구에게 의존해야 하는지를 알았다. 그는 하나님의 영광을 위해 기도했다.

넷째, 히스기야의 파멸은 죄성을 지닌 자만이었다. 우리가 조심해야 하는 것은 자만/교만에 빠지게 되는 가능성이다.

다섯째, 자신의 아들인 므낫세에게 하나님에 대한 사랑을 전달하는 데에는 실패했다.

---

52 Dawn Wilson, "What You Need to Know about Hezekiah in the Bible." ⟨https://www.crosswork.com/faith/bible-study/what-you-need-to-know-about-hezekiah-in-the-bible.html⟩

히스기야가 그의 조상 다윗의 모든 행위와 같이 여호와께서 보시기에 정직하게 행하여 그가 여러 산당들을 제거하며 주상을 깨드리며 아세라 목상을 찍으며 모세가 만들었던 놋뱀을 이스라엘 자손이 이때까지 향하여 분향하므로 그것을 부수고 느후스단[Nehushtan]이라 일컬었더라(열왕기하 18:3-5).

에서 보이듯이, 우상들을 파괴하고 야웨만을 의지하는 태도를 지니는 것이 반드시 필요하다. 히스기야는 자신의 병 치유만이 아니라 백성들을 위해서도 야웨께 기도로 간구하여 그들의 생명을 구했다.

에브라임과 므낫세와 잇사갈과 스불론의 많은 무리는 자기들을 깨끗하게 하지 아니하고 유월절 양을 먹어 기록한 규례를 어긴지라 히스기야가 그들을 위하여 기도하여 이르되 선하신 여호와여 사하옵소서 결심하고 하나님 곧 그의 조상들의 하나님 여호와를 구하는 사람은 누구든지 비록 성소의 결례대로 스스로 깨끗하게 못하였을지라도 사하옵소서 하였더니 여호와께서 히스기야의 기도를 들으시고 백성을 고치셨더라(역대하 30:18-20).

히스기야의 심성이 근본적으로 "가난한 자를 보살피는 자"와 같았으므로 그는 하나님에 의해 치유되는 기적을 경험했다고 할 수 있다.

시편 107:20에서 "그[하나님]가 그의 말씀[*dabar*]을 보내어 그들을 고치시고 위험한 지경에서 건지시는도다"에서 말씀과 치유의 관계가 암시된다. 그것은 마태복음 8:16의 "저물매 사람들이 귀신 들린 자를 많이 데리고 예수께 오거늘 예수께서 말씀[*logos*]으로 귀신들을 쫓아내시고 병든 자들을 더 고치시니"라는 데서도 확인된다. 사도행전 11:13-15에서

> 그가 우리에게 말하기를 천사가 내 집에 서서 말하되 네가 사람을 욥바에 보내어 베드로라 하는 시몬을 청하라 그가 너와 네 온 집이 구원받을 말씀[*rhema*]을 네게 이르리라 함을 보았다 하거늘 내가 말을 시작할 때에 성령이 그들에게 임하시기를 처음 우리에게 하신 것과 같이 하는지라.

에서도 "구원받을 말씀"이라는 표현이 보인다. 로마서 10:8-10도 "그러면 무엇을 말하느냐 말씀[*rhema*]이 네게 가까워 네 입에 있으며 네 마음에 있다 하였으니 곧 우리가 전파하는 믿음[*pistis*]의 말씀[*rhema*]이라 네가 만일 네 입으로 예수를 주로 시인하며 또 하나님께서 그를 죽은 자 가운데서 살리신 것을 네 마음에 믿으면 구원을 받으리라"라는 부분도 "말씀"의 힘을 통한 치유와 구원의 가능성을 언급한다.[53]

---

53 "레마"*rhema*는 현재 상황에서 할 일을 알려주는 말이며 "로고스"*logos*는 그리스도 그 자신 혹은 성경을 통해 전달되는 말로 구별될 수 있다.

케네스 E. 해긴은 "하나님의 말씀은 모든 우리의 육체에 대한 의약품이다. 그 말은 하나님의 말씀이 치료할 수 없는 것은 아무것도 없다는 뜻이다"라고 말한다. 잠언 4:20-22의

> 내 아들아 내 말에 주의하며 내가 말하는 것에 네 귀를 기울이라 그것을 네 눈에서 떠나게 하지 말며 네 마음 속에 지키라 그것은 얻는 자에게 생명이 되며 그의 온 육체의 건강이 됨이니라.[54]

라는 말과 같이, 하나님의 말씀을 소중하게 여기면 그 말씀이 "생명"과 "건강"이 된다고 믿을 수 있다.

> 하나님의 말씀[*logos*]은 살아있고 활력이 있어 좌우에 날선 어떤 검보다도 예리하여 혼과 영 및 관절과 골수를 찔러 쪼개기까지 하여 또 마음의 생각과 뜻을 판단하나니 지으신 것이 하나도 그 앞에 나타나지 않음이 없고 우리의 결산을 받으실 이이 눈 앞에 만물이 벌거벗은 것 같이 드러나느니라(히브리서 4:12-13).

라는 지적도 구원과 치유를 가능하게 하는 하나님의 "말씀"의 강력한 힘을 명시한다.

---

54   Kenneth E. Hagin, *Healing Scriptures,* Rhema Bible Church, 1993. chapter 1.

다른 사람들에게 하나님의 말씀을 가르치는 것의 결과도 치유와 기적을 발생시킨다.[55] 디모데후서 4:2에서

> 너는 말씀[*logos*]을 전파하라 때를 얻든지 못 얻든지 항상 힘쓰라 범사에 오래 참음과 가르침으로 경책하며 경계하며 권하라.

고 한 것도 로고스만이 아니라 레마*rhema*도 포함한 말씀을 통해 우리를 치유하시고 구원하시는 것이 하나님의 방식이라는 점을 알려 준다고 할 수 있다.
　그리고 "예수께서 꾸짖어 이르시되 잠잠하고 그 사람에게서 나오라 하시니 더러운 귀신이 그 사람에게 경련을 일으키고 큰 소리를 지르며 나오는지라"(마가복음 1:25-26)에 보이듯이, 권위 있는 말로 하는 명령을 통해서도 말씀의 힘을 확인할 수 있다. 또한 사도행전 3:6-8의

> 베드로가 이르되 은과 금은 내게 없거니와 내게 있는 이것을 네게 주노니 나사렛 예수 그리스도의 이름으로 일어나 걸으라 하고 오른손을 잡아 일으키니 발과 발목이 곧 힘을 얻고 뛰어 서서 걸으며 그들과 함께 성전으로 들어가면서 걷기도 하고 뛰기도 하며 하나님을 찬송하니.

에서도 그와 같은 권위 있는 말로 하는, 예수 그리스도의 이름으로 명령하는,

55　Kenneth E. Hagin, *Bible Healing Study Course*, p.9.

말씀의 힘을 알 수 있다.

물론 치유와 구원의 유일한 원천인 하나님께로 이르는 길은 기도와 함께 "생명의 주"(사도행전 3:15)이신 예수 그리스도의 말씀이라는 점이 중시되어야 한다. 그리스도의 말씀은 바울이 고린도후서 10:4-5에서

> 우리는 세속의 무기를 가지고 싸우는 것이 아니라 아무리 견고한 성이라도 무너뜨릴 수 있는 하느님의 강한 무기를 가지고 싸우는 것입니다. 우리는 잘못된 이론을 무찔러버리고 하느님을 아는 데 장애가 되는 모든 오만을 쳐부수며 어떠한 계략이든지 다 사로잡아서 그리스도께 복종시킵니다(『공동번역』).

라고 말한 데에서 보이는 "하느님의 강한 무기"의 힘이다. 그 힘으로 우리가 물리치지 못하는 질병은 없다. 예수께서

> 참새 두 마리가 단 돈 한 닢에 팔리지 않느냐? 그러나 그런 참새 한 마리도 너희의 아버지께서 허락하지 않으시면 땅에 떨어지지 않는다. 아버지께서는 너희의 머리카락까지도 낱낱이 다 세어두셨다.(마태복음 10:29-30, 『공동번역』)

라고 하나님의 능력과 사랑에 대해 말씀하시고 곧이어 "두려워하지 마라. 너희는 수많은 참새보다 훨씬 더 귀하다"라고 덧붙이신 것과 같이, 우리는 질병에 대해, 나아가서 죽음에 대해, 무서워할 필요가 없다.

61

골로새 4:14에서 "사랑받는 의사"로 지칭되는 누가의 치유 방식은 21세기에 우리가 경험하는 병원 의사들의 방식과는 많이 달랐을 것이며, 구약시대 엘리야나 엘리사의 치유 행동과도 다른 방식이었을 것이다. 구약과 신약 시대 사람들의 인체에 대한 지식은 제한되어 있었고 병인론이나 질병 치료에 대한 이해도 한계가 있었겠지만, 엘리야와 엘리사는 죽은 사람을 살려내는 기적적인 능력을 보여 주기도 했다.

> 내 하나님 여호와여 주께서 또 내가 우거하는 집 과부에게 재앙을 내리사 그 아들이 죽게 하셨나이까 하고 그 아이 위에 몸을 세 번 펴서 엎드리고 여호와께 부르짖어 이르되 내 하나님 여호와여 원하건대 이 아이의 혼으로 그의 몸에 돌아오게 하옵소서 하니 여호와께서 엘리야의 소리를 들으시므로 그 아이의 혼이 몸으로 돌아오고 살아난지라(열왕기상 17:17-24).

> 엘리사가 여호와께 기도하고 아이 위에 올라 엎드려 자기 입을 그의 입에, 자기 눈을 그의 눈에, 자기 손을 그의 손에 대고 그의 몸에 엎드리니 아이의 살이 차차 따뜻하더라 엘리사가 내려서 집 안에서 한 번 이리 저리 다니고 다시 아이 위에 올라 엎드리니 아이가 일곱 번 재채기 하고 눈을 뜨는지라(열왕기하 4:32-35).

62

구약 시대에는 예를 들면 이삭이 수년 동안 앞을 볼 수 없었던 것(창세기 27:1)과 야곱이 노년에 앓았던 병환이 치유되지 않았던 것(창세기 48:1, 10), 모세가 미리암의 병 치유를 위해 하나님께 호소했지만 즉각적인 치유를 해 주시지 않았던 것(민수기 12:1-15) 등과 같이 충성스러웠던 종들이라도 야웨께서 즉시 치유해 주시지 않았던 경우들이 있다.

구약성경에서 질병과 치유의 가장 대표적인 예는 욥기다. 욥기는 의인들도 고통을 받게 되지만 그것이 부당하다고 하나님께 항의할 자격이 인간에게는 없다는 것을 보여 준다. 욥은 자신의 고통과 불행을 견딜 수 있으나, 자신이 왜 고난을 당해야 하는지 이유를 모르는 것은 참기 힘들다고 호소하고, 욥이 무엇인가 잘못을 저질렀을 것이라고 보는 친구들의 주장과는 달리, 자신의 고통이 정당화되지 않는다고 하나님에게 일종의 항의를 하는 것으로 되어 있다. 욥기 27:2-5에서 욥이

> 나의 정당함을 물리치신 하나님, 나의 영혼을 괴롭게 하신 전능자의 사심을 두고 맹세하노니… 나는 너희를 결코 옳다 하지 아니하겠고 내가 죽기 전에는 나의 온전함을 버리지 아니할 것이라.

라고 한 것은 자신에게 죄가 있다고 비난하는 친구들을 비판하면서, 자신이 당하고 있는 고난을 부당하다고 보는 자신의 판단을 버리지 않겠다고 하는 말이다.

63

욥기에 대한 해설에서 우리는

> 욥기는 선한 사람이 명백한 잘못을 하지 않아도 고난당하는 것을 보
> 여 준다. 애석하게도 우리가 사는 세상이 그렇다. 하지만 욥의 이야기
> 는 절망으로 끝나지 않는다. 욥의 삶에서 우리는 상황이 절망적으로
> 보일지라도 하나님을 믿는 믿음이 정당함을 깨달을 수 있다. 보상이나
> 번영에 근거한 믿음은 공허하고 불안하다. 하나님의 궁극적인 목적이
> 이루어질 것이라는 확신 위에 믿음을 세워야 흔들리지 않는다.[56]

라는 내용을 읽을 수 있다.

그렇다면 "하나님의 궁극적인 목적"이란 무엇인가? 그것이 무엇인지 지금
은 확연히 알 수가 없다고 해도, 또한 자신이 왜 고난을 겪어야 하는지 알 수
가 없으므로 그 고통이 도저히 정당화되지 않는다고 판단해도, 그리스도인
은 의인인 욥과 같은 사람들만이 아니라 무질서와 위험의 상징인 베헤모스
Behemoth와 레비아탄Leviathan(욥기 40:15, 41:1)도 창조하신 하나님의 능력과
주권에 대해 망각해서는 안 된다. 욥기 42:5-6에서는 욥이 자신이 야웨께
항의했던 말을 모두 거두어들이고 티끌과 재 가운데서 회개한다고 되어
있다.

---

56 성서유니언, 『에브리데이 스터디 바이블』, p.865.

내가 주께 대하여 귀로 듣기만 하였사오나 이제는 눈으로 주를 뵈옵나이다 그러므로 내가 스스로 거두어들이고 티끌과 재 가운데에서 회개하나이다.

우리는 빌립보서 4:6-7에서

아무것도 염려하지 말고 다만 모든 일에 기도와 간구로, 너희 구할 것을 감사함으로 하나님께 아뢰라 그리하면 모든 지각에 뛰어난 하나님의 평강이 그리스도 예수 안에서 너희 마음과 생각을 지키시리라.

고 하신 말씀처럼, 자신의 고통의 이유를 알 수 없을지라도 계속 믿음을 지니며 기도드릴 수밖에 없다. 야웨 하나님의 의지는 고정된 불변의 것이라기보다 때로는 의인들의 기도에 따라 변할 수도 있기 때문이다. 물론 우리는 야웨의 의지를 거스를 수는 없다. 결국 하나님은 자신의 최선의 판단에 따라 결정하시고, 또한 인간을 위한 최선의 길이 무엇인지에 따라 행동하신다고 믿어야 한다. 이것은 우리가 간구하는 질병의 치유와 관련된 일에도 해당된다.

바울은 디모데후서 4:20에서 "에라스도는 고린도에 머물러 있고 드로비모는 병들어서 밀레도에 두었노니"라고 쓰고 있는데, 그때는 성경이 완성될 무렵이라서 동역자인 드로비모의 병을 고칠 능력을 바울이 가지지 못했을 것이라고 보는 시각도 있지만, 그보다는 병을 앓게 된 드로비모를 통한 하나님의 계획이 있었다고 보는 것이 옳지 않을까?

64

케네스 W. 해긴[케네스 E. 해긴의 아들]은 치유에 대한 7가지 장애들을 열거한다.[57]

첫째, 많은 사람들이 치유를 받지 못하는 것은 치유 받을 준비가 되어있지 않기 때문이다. (무엇보다 먼저 하나님의 말씀에 귀를 기울여야 한다.)

둘째, 많은 사람들이 치유받지 못하는 것은 자신들을 치유하는 것이 하나님의 의지인지 아닌지를 확신할 수 없기 때문이다. (치유가 필요한 개인은 그가 치유받는 것이 하나님의 의지라는 것을 확신해야만 한다.)

셋째, 많은 사람들이 치유를 받지 못하는 것은 자신들의 삶 속에 있는 죄 때문이다.

넷째, 많은 사람들이 치유를 받지 못하는 것은 그들이 "육신의 팔"에 의존하기 때문이다.[58]

---

57 Kenneth W. Hagin, *Seven Hindrances to Healing*, Rhema Bible Church, 1980, pp.2-20.
58 "육신의 팔"the arm of flesh은 역대하 32:8에 "그와 함께하는 자는 육신의 팔이요 우리와 함께하시는 이는 우리의 하나님 여호와시라 반드시 우리를 도우시고 우리를 대신하여 싸우시리라 하매 백성이 유다왕 히스기야의 말로 말미암아 안심하니라"에 보이는 표현이다. "육신의 팔"은 하나님의 능력이 아닌 자연적인 힘과 방법들을 뜻한다.

다섯째, 많은 사람들이 치유받지 못하는 것은 그들이 자신들의 치유가 분명하게 되는 구체적인 특정한 시간을 결코 설정하지 않기 때문이다.

여섯째, 많은 사람들은 아무것도 욕망하지 않기 때문에 치유되지 않는다. (기도할 때는 무엇인가를 바라는 것이 있어야 한다. 어떤 확실한 하나의 목표, 희망, 욕망을 지녀야만 한다.)

일곱째, 많은 사람들이 구원받지 못하는 것은 그들이 영적으로 미지근한 상태이기 때문이다.

특히 이 일곱째에 언급된 "영적으로 미지근한 상태"와 관련하여 우리는 요한계시록 3:15-16의

나는 네 행위를 안다. 너는 차지도 뜨겁지도 않다. 네가 차든지 뜨겁든지 하면 좋겠다. 네가 이렇게 미지근하여, 뜨겁지도 차지도 않으니, 나는 너를 내 입에서 뱉어 버리겠다. (『새번역』)

라는 구절을 되새길 필요가 있다.

질병이 하나님의 징계의 방법은 아니지만 우리가 겪게 되는 다른 고난들과 마찬가지로 야웨께서 우리의 삶에서 가장 좋은 것을 행하시기 위해 그것을 일정 기간 동안 허용하시기도 하는 것이라고 믿을 수 있다. 히브리서에서 읽을 수 있듯이 "고난을 통하여 온전하게" 하는 것이 그리스도만이 아니라 그리스도인들에 대한 야웨 하나님의 뜻일 수 있기 때문이다.

오직 우리가 천사들보다 잠시 동안 못하게 하심을 입은 자 곧 죽음의 고난 받으심으로 말미암아 영광과 존귀로 관을 쓰신 예수를 보니 이를 행하심은 하나님의 은혜로 말미암아 모든 사람을 위하여 죽음을 맛보려 하심이라 그러므로 만물이 그를 위하고 또한 그로 말미암은 이가 많은 아들들을 이끌어 영광에 들어가게 하시는 일에 그들의 구원의 창시자를 고난[suffering, *pathema*]을 통하여 온전하게 하심이 합당하도다(히브리서 2:9-10).

그는 육체에 계실 때에 자기를 죽음에서 능히 구원하실 이에게 심한 통곡과 눈물로 간구와 소원을 올렸고 그의 경건하심으로 말미암아 들으심을 얻었느니라 그가 아들이면서도 받으신 고난으로 순종함을 배워서 온전하게 되셨은즉 자기에게 순종하는 모든 자에게 영원한 구원의 근원이 되시고(히브리서 5:7-9).

66

믿음이 치유의 조건이 되지만 항상 그런 것은 아니다. 물론 예를 들면 예수께서 "너희 믿음대로 되라"고 하셔서 맹인들의 눈이 밝아졌다는 이야기는 믿음이 치유의 조건이라는 것에 대한 예화라고 할 수 있다.

> 예수께서 집에 들어가시매 맹인들이 그에게 나아오거늘 예수께서 이르시되 내가 능히 이 일 할 줄을 믿느냐 대답하되 주여 그러하오이다 하니 이에 예수께서 그들의 눈을 만지시며 이르시되 너희 믿음대로 되라 하시니 그 눈들이 밝아진지라 예수께서 엄히 경고하시되 삼가 아무에게도 알리지 말라 하셨으나 그들이 나가서 예수의 소문을 그 온 땅에 퍼뜨리니라(마태복음 9:29-31).

그러나 사도행전 3:1-8에서 보이는 "못 걷게 된" 이들은 야웨 하나님 혹은 예수님에 대한 믿음을 이미 가진 사람들인지 아닌지 불확실하지만 베드로와 요한에 의해 치유된 예라고 할 수 있다.

> 베드로와 요한이 성전에 올라갈새 나면서 못 걷게 된 이를 사람들이 메고 오니 … 베드로가 요한과 더불어 주목하여 이르되 베드로가 이르되 은과 금은 내게 없거니와 내게 있는 이것을 네게 주노니 나사렛 예수 그리스도의 이름으로 일어나 걸으라 하고 오른손을 잡아 일으키니 발과 발목이 곧 힘을 얻고 뛰어 서서 걸으며….

마태복음 14:14에서 "예수께서 나오사 큰 무리를 보시고 불쌍히 여기사 그
중에 있는 병자를 고쳐 주시니라"에 보이듯이, 예수 그리스도는 연민과 동정
심에 의해 아픈 사람들을 고쳐 주셨던 것이지 믿음을 절대적인 조건으로 삼
지는 않으셨던 것 같다. 그러나 오스본은 대부분의 경우에 예수님은 누구라
도 믿음의 고백을 듣고 난 이후가 아니면, 혹은 치유를 위한 어떤 믿음의 행
동을 하는 것을 목격하기 전까지는, 치유하지 않으셨다고 말하고 마태복음
8:5-10에 나오는 백부장의 예를 들고 있다.[59]

그 백부장은 자신의 하인이 중풍병으로 괴로워한다고 간구하자 "내가 가서
고쳐주리라"고 하시는 예수께 "내 집에 들어오심을 [감히]감당하지 못하겠사
오니 다만 말씀으로만 하옵소서"라고 했고, 그 말을 깊은 믿음의 증거로 보신
예수님이 "네 믿은 대로 될지어다"라고 말씀하시자 하인이 나았다고 되어 있
다. 그런데 "내가 가서 고쳐주리라"고 선뜻 말씀하셨을 때의 예수님은 그 하
인이나 백부장의 믿음을 확인하시기 전이었다. 물론 예수께 간구하는 것 자
체가 이미 그 백부장 자신의 믿음을 보여 주는 것이고, 예수께서는 그 백부장
의 말을 듣기 전에 이미 그들의 믿음을 아셨으리라고 볼 수 있겠다.

---

59   T.L.Osborn, *Healing the Sick*, Harrison House Publishers, 2022. p.120.

마태복음 13:58의 "그들이 믿지 않음으로 말미암아 거기서 많은 능력을 행하지 아니하시니라"에 보이듯이, 믿음이 없는 사람들이 예수님의 치유를 받기는 어렵지만, 예수님은 단지 고통받는 사람에 대한 자신의 연민 때문에 치유하기도 하신 것으로 보인다. 다음과 같은 마태복음의 기록들에서도 "모든 병과 모든 약한 것"이라고 한 것에서 그 점을 짐작할 수 있다.

> 예수께서 … 백성 중의 모든 병과 모든 약한 것을 고치시니 그의 소문이 온 수리아에 퍼진지라 사람들이 모든 앓는 자 곧 각종 병에 걸려서 고통당하는 자, 귀신 들린 자, 간질하는 자, 중풍병자들을 데려오니 그들을 고치시더라(마태복음 4:23-24).

> 예수께서 모든 도시와 마을에 두루 다니사 그들의 회당에서 가르치시며 천국 복음을 전파하시며 모든 병과 모든 약한 것을 고치시니라(마태복음 9:35).

> 예수께서 그의 열두 제자를 부르사 더러운 귀신을 쫓아내며 모든 병과 모든 약한 것을 고치는 권능을 주시니라(마태복음 10:1).

마찬가지로 누가복음 6:17-19의 구절에 보이는 "모든 사람"도 믿는 사람들만을 의미하지는 않는 것으로 보인다.

고침을 받은 사람들에게는 그 이후에 창조주 야웨 하나님과 구원자 그리스도 예수님에 대한 믿음이 처음으로 생기게 되었거나 더욱 강화되는 경험이 있었을 것이다.

예를 들면 그리스도인들이 거의 없는 어느 나라에서 평소 그리스도교를 비판하던 전신마비 환자가 교회 앞에서 "나보고 예수에게 기도하라고?"라고 말하는 순간 몸의 마비가 풀리는 기적적인 특별한 치유의 경험을 하게 된 후 그리스도교로 개종하고 주변의 많은 사람에게 전도하게 되었다는 일화를 읽을 수 있다.[60]

오스본은 동부 아프리카에서 있었던 자신의 전도 집회 기간에 있었던 기적에 의해 수천 명이 주님께 돌아오게 되었다고 이야기하고 있다.

> 태어날 때부터 눈동자가 없는 시므온이란 어린 소년이 창조적인 기적으로 눈동자가 생긴 사건 때문이었습니다. 몇 시간 만에 새로운 눈동자가 생겨났으며 그의 시력은 정상이 되었습니다. 그 지역 담당 관리는 이 창조적인 기적에 관한 뉴스가 온 지방에 퍼졌고 그 마을 추장을 포함하여 심지어 무당들까지도 수천 명이 주님께 돌아오게 되었다고 우리에게 말했습니다.[61]

---

60 Craig S. Keener, *Miracles Today: the supernatural work of God in the modern world*, Baker Academic, 2021, pp.31-32.

61 T.L.오스본, 『기적: 하나님 사랑의 증거』, 김진호 역, 믿음의 말씀사, 2016, p.115.

우리는 "하나님을 사랑하는 자 곧 그 뜻대로[목적에 따라] 부르심을 입은 자들에게는 모든 것이 협력하여 선을 이루느니라"(로마서 8:28)에 보이는 "선"과 "목적"을 이루시는 하나님의 섭리를 믿을 수 있다. 그와 같은 믿음을 지니고 행동한다는 것은 하나님의 말씀을 우리의 감각과 인간적인 논리보다 더 우월한 것으로 여기는 것을 뜻한다. 이사야 55:8의

> 내 생각이 너희의 생각과 다르며 내 길은 너희의 길과 다름이니라 여호와의 말씀이니라.

라는 말씀과 같이 인간적인 방식과 하나님의 방식은 다르다. 오스본의 말대로 "인간적인 방식은 우리의 마음은 질병에 대한 생각으로 채우고, 우리의 귀는 인간의 논리에 기울이고, 우리의 눈은 육체적인 증상에 두고, 우리의 심령은 두려움과 염려로 계속 채우는 것"인 데 반해서, 하나님의 방식은 말씀이 현실로 구현되는 기적을 가능하게 하신다.[62] 그런데 이 기적의 핵심적인 동력은 사랑이다.

---

62   T.L.오스본[Osborn], 『성경적인 치유』, 김진호 역, 믿음의 말씀사, 2008, p. 182-183.

그리스도인이 되기 위해 노력하는 사람들만이 아니라 그리스도교에 대해 관심을 가지고 성경적 치유에 대해 알아보려는 마음이 생긴 사람들이 함께 적용해 볼 수 있는 구체적인 방법들을 찾아보기 위해 무엇보다도 우선 야고보의

> 너희 중에 병든 자가 있느냐 그는 교회의 장로들을 청할 것이요 그들은 주의 이름으로 기름을 바르며[aleipsantes] 그를 위하여 기도할지니라 믿음의 기도는 병든 자를 구원하리니 주께서 그를 일으키시리라 혹시 죄를 범하였을지라도 사하심을 받으리라 그러므로 너희 죄를 서로 고백하며 병이 낫기를 위하여 서로 기도하라 의인의 간구는 역사하는 힘이 큼이니라(야고보서 5:14-16).

라는 권고에 나오는 "기름부음"과 ("죄의 고백"을 포함한) "믿음의 기도"에 대해 특히 유념해야 한다. 나아가서 예수 그리스도와 사도들이 아픈 사람들의 치유를 위해 했던 "안수"의 의의에 대해서도 고려해 볼 수 있다. 또한 사도행전 16:18의

> [바울이] 심히 괴로워하여 돌이켜 그 귀신에게 이르되 예수 그리스도의 이름으로 내가 네게 명하노니 그에게서 나오라 하니 귀신[악령]이 즉시 나오니라.

에서 언급되고 있는, 죄와 병의 원천인 사탄과 악령들을 물리치는 "명령의 말"에 대해서도 생각해 볼 필요가 있다.

야고보의 권고에서 "기름"은 올리브 오일로서 성경 시대에는 일종의 의약품이었다. (기름부음은 이사야서 21:5에 보이듯이, 전쟁터로 가는 군인들의 방패에 기름을 발라서 탄력이 있게 만드는 방법으로부터 비롯된 것이라는 설명과 함께, 고대 근동 지역의 양들을 곤충들로부터 보호하기 위한 것이었다는 설명이 있다. 즉 양털에 기름을 발라 미끄럽게 만들어서 곤충들을 떨어뜨려 그 곤충들이 양들의 귀로 들어가서 양들의 생명을 위태롭게 하는 일이 없게 하려는 목적이 그 기원이라는 것이다.)

기름은 상처 치유를 위한 일종의 의약품으로 이용되는 것만은 아니다. 레위기 8:10-12의 "모세가 관유[the anointing oil]를 가져다가 성막과 그 안에 있는 모든 것에 발라 거룩하게 하고 또 제단에 일곱 번 뿌리고 또 그 제단과 그 모든 기구와 물두멍과 그 받침에 발라 거룩하게 하고"에 보이는 기름부음은 봉헌과 성스럽게 하는 것이 목적이다.[63] 히브리어 "메시아"Messiah, 헬라어 "그리스도"Christ가 "기름부음 받은 자"라는 뜻이다.

---

63 "모세는 성막을 세우고 나서, 성막에 기름을 부어 성막과 그 안에 있는 모든 기구를 거룩하게 하였다. 제단과 거기에 딸린 모든 기구에도 기름을 부어, 그것들을 거룩하게 하였다"(민수기 7:1 『표준새번역』).

신약성경에서는 종교적인 성례의 의미로 쓰이는 "기름부음"은 "크리오"*chrio*
로서 의료적인 목적을 포함한 세속적 의미로 쓰이는 기름부음인 "알레이
포"*aleipho*와 구별된다. 예를 들면 "주께서 의를 사랑하시고 불법을 미워
하셨으니 그러므로 하나님 곧 주의 하나님이 즐거움의 기름을 주께 부어
[*echrisen*] 주를 동류들보다 뛰어나게 하셨도다 하였고" (히브리서 1:9)에서는
성례적인 의미로 쓰인 것이다. 한편 "많은 귀신을 쫓아내며 많은 병자에게 기
름을 발라[*eleiphon*] 고치더라"(마가복음 6:13)는 의료적인 의미로 쓰인 예다.

> 주의 성령이 내게 임하셨으니 이는 가난한 자에게 복음을 전하게 하
> 시려고 내게 기름을 부으시고[*echrisen*] 나를 보내사 포로 된 자에게
> 자유를, 눈먼 자에게 다시 보게 함을 전파하며 눌린 자를 자유롭게 하
> 고(누가복음 4:18).

에서도 "기름을 부으시고 나를 보내사"를 통해 성례적인 상징적 의의를 알
수 있다. 그리스도인들은 예수 그리스도를 통해 상징적으로 기름부음 받은
자들이 되는 것으로 볼 수 있다.

　기름부음의 상징적 혹은 성례적 의의는 우리 자신을 세속으로부터 구별되
는, 즉 거룩한 존재가 되는 데에 있고, 기름부음의 실제적 의의는 질병 치유
를 위해 사용하는 의료적 수단들과 연관된 것으로 이해해 볼 수 있겠다.

야고보서 5:13-16에서 야고보가 "기름부음"과 함께해야 할 일로 권고하는 "믿음의 기도"에는 요한 1서 5:14-15에서

> 그[야웨]를 향하여 우리가 가진 바 담대함이 이것이니 그의 뜻대로 무
> 엇을 구하면 들으심이라 우리가 무엇이든지 구하는 바를 들으시는 줄
> 을 안즉 우리가 그에게 구한 그것을 얻은 줄을 또한 아느니라.

라고 하신 말씀과 같이, "그의 뜻"에 따르는 것이어야 한다는 조건이 있다.

 믿음의 기도는 진정으로 이해되고 행사되면 그리스도인의 삶에서 가장 높은 성취가 된다. 그런데 A.J. 고든은 믿음의 기도가 배우는 것learning이라기보다 오히려 비우는 것unlearning으로부터 나오는 것이라고 한다.[64] 자아 양육이 아니라 자아 포기를 통해 영적인 아이의 순수한 상태를 통해 성취될 수 있다는 것이다. 그러한 성취를 통해 "위로를 주시는 하나님"께 가깝게 다가갈 수 있다.

> 온갖 위로를 주시는 하나님께 찬양을 드립시다. 그는 우리 주 예수그
> 리스도의 하나님이시오, 아버지이시며, 자비로운 아버지이십니다. 우
> 리가 온갖 환난을 당할 때에 하나님께서는 우리를 위로해 주십니다.
> (고린도후서 1:3-4, 『표준새번역』)

---

64   A.J. Gordon, *The Ministry of Healing,* Fleming H. Revell, 1882, p.224.

"기름부음"과 "믿음의 기도"와 함께 예수님의 많은 치유 행사 방법 중에서 또한 두드러진 것은 손을 얹는 행동, 즉 "안수"로서, 그와 같은 직접적 접촉을 통해 성례적인 혹은 치료적인 기름부음이 전달될 수 있었던 것으로 보인다. 마가복음 6:15-18에서

> 또 이르시되 너희는 온 천하에 다니며 만민에게 복음을 전파하라 믿고 세례를 받는 사람은 구원을 얻을 것이요 믿지 않는 사람은 정죄를 받으리라 믿는 자들에게는 이런 표적이 따르리니 그들이 내 이름으로 귀신을 쫓아내며 새 방언을 말하며 뱀을 집어올리며 무슨 독을 마실지라도 해를 받지 아니하며 병든 사람에게 손을 얹은즉 나으리라 하시더라.

에서도 그 점이 나타난다. 안수는 구약성경에서는 민수기 27:22-23에서 "모세가 여호와께서 자기에게 명령하신 대로 하여 여호수아를 데려다가 제사장 엘르아살과 온 회중 앞에 세우고 그에게 안수하여 위탁하되 여호와께서 모세에게 명령하신 대로 하였더라"에서도 언급된다.

신약성경에서는 안수가 성령을 받는 것을 도와주는 것으로 표현된다. 그것은 사도행전 8:14-17에서

> 예루살렘에 있는 사도들이 사마리아도 하나님의 말씀을 받았다 함을

듣고 베드로와 요한을 보내매 그들이 내려가서 그들을 위하여 성령 받기를 기도하니 이는 아직 한 사람에게도 성령 내리신 일이 없고 오직 주 예수의 이름으로 세례만 받을 뿐이더라 이에 두 사도가 그들에게 안수하매 성령을 받는지라.

와 사도행전 19:4-6에서

바울이 이르되 요한이 회개의 세례[침례]를 베풀며 백성에게 말하되 내 뒤에 오시는 이를 믿으라 하였으니 이는 곧 예수라 하거늘 그들이 듣고 주 예수의 이름으로 세례를 받으니 바울이 그들에게 안수하매 성령이 그들에게 임하시므로 방언도 하고 예언도 하니.

라고 하는 부분에서도 보인다. 안수가 성령을 받는 것을 도와주는 의식인데, 그 성령은 로마서 8:11의 "예수를 죽은 자 가운데서 살리신 이의 영이 너희 안에 거하시면 그리스도 예수를 죽은 자 가운데서 살리신 이가 너희 안에 거하시는 그의 영으로 말미암아 너희 죽을 몸도 살리시리라"에 보이는 "예수를 죽은 자 가운데서 살리신 이," 즉 야웨의 영으로서 아픈 그리스도인들에게는 그것이 치유의 영이라고 할 수 있다.

안수는 "초자연적 은사와 그 보유자(혹시 그런 은사가 존재한다고 하더라도)를 중심으로 이루어질 것이 아니고 불치의 병을 앓고 있는 사람들과 더불어 친교적 의미가 부각되는 방향으로 이루어져야 할 것이다"[65]라는 주장이 설득력이 있다.

또한 마가복음 6:56에 보이는

> 그 온 지방으로 달려 돌아다니며 예수께서 어디 계시다는 말을 듣는 대로 병든 자를 침상째로 메고 나아오니 아무 데나 예수께서 들어가시는 지방이나 도시나 마을에서 병자를 시장에 두고 예수께 그의 옷가에라도 손을 대게 하시기를 간구하니 손을 대는 자는 다 성함을 얻으니라[*esozonto*].

에서의 예수님의 안수를 통한 치유는 신체적 치유만이 아니라 영적 치유도 포함한다. 물론 예수께서는 일차적으로 사람들의 병을 낫게 해 주시기 위해 손을 얹어주셨다.

> 해가 질 때에 사람들이 온갖 병을 앓는 사람들을 있는 대로 다 데리고 예수께로 왔다. 예수께서는 한사람 한사람에게 손을 얹어서 그들을 고쳐주셨다. (누가복음 4:40, 『표준새번역』)

---

65 〈https://lewisnoh.tistory.com/entry〉에서 안수按手에 대한 송인규의 글을 읽을 수 있다.

김상운은 『왓칭2』에서

> 몇 달 전 이모가 간암 말기 판정을 받아 수술한 뒤 재발해서 재수술을
> 받은 적이 있다. 암이 전신에 퍼져 위독하다기에 찾아가서 손바닥으로
> 몸 주위의 공간을 쓸어주었다. 10분쯤 지났을까? 이모는 트림을 하기
> 시작했다. 꽉 막혔던 배도 뚫리는 것 같다고 했다. 이틀 후 다시 한 번
> 찾아가 손바닥으로 쓸어주었다. 사흘 후 이모는 편안한 마음으로 퇴원
> 했다.[66]

라고 개인적 치유 일화를 소개한다. 환자의 "몸 주위의 공간"을 손바닥으로
쓸어주는 방법에 대해서 자세히 설명하지는 않지만, 직접 피부에 손이 닿는
것은 아닐지라도 안수와 비슷한 것으로 여겨지기도 한다. 그런데 "몸 주위의
공간"은 김상운이 "텅 빈 공간"이라고 쓰고 있는 것, 즉 무한한 창조적 가능
성[妙有]을 지닌, 진실로 비어 있는 것[眞空]으로 설명되는 "진공묘유"와 같
은 뜻으로 이해된다. 그는 "텅 빈 공간"이 "측정 불가능한 무한한 힘을 가진
빛 알갱이들로 가득하다. 내가 시야를 넓히면 넓힐수록, 공간을 넓히면 넓힐
수록, '빛으로 된 나' 셀프2가 점점 퍼져나가면서 무한한 힘이 쏟아져 나오는
게 당연하다"[67]고 말한다. 환자를 치유한 것은 그 "무한한 힘"이라고 할 수 있

---

66 김상운, 『왓칭 2: 시야를 넓힐수록 마법처럼 이루어진다』, 정신세계사, 2016, p.188.
67 같은 책, p.203.

겠다. 그런데 그리스도인은 그 "무한한 힘"이 궁극적으로 야웨 하나님으로부
터 나오는 것이라고 믿는다.

강길전/홍달수의 『양자의학』에서

> 암세포에 기공사의 마음에너지를 보내면 기공사의 마음에너지가 암
> 세포의 증식을 억제하고 동시에 정상세포로 되돌아가는 복합작용을
> 일으켜 미코콘드리아의 파괴가 억제되고 또한 미토콘드리아의 아데
> 노신 3인산ATP의 함량이 증가한다는 연구 보고가 있다.[68]

라고 한 부분에 보이듯이, 안수와 유사하게 "손바닥으로 쓸어주는" 것은 "마
음에너지"를 보내는 것과 같은 몸짓으로 풀이될 수 있다. 인용문에서 "기공
사"라고 한 사람은 아미트 고스와미가 말하는 "프라닉Pranic 치유사"와 같다.
고스와미는 그 치유사가 "환자의 활력에너지[prana] 균형을 회복시키고, 이
를 통해 물리적 신체를 치유하기 위해 그의 몸을 손으로 쓸어내리는 동작을
취했다"[69]고 쓰고 있다.

---

68   강길전/홍달수, 『양자의학: 새로운 의학의 탄생』, 돈을새김, 2013, p.196.
69   아미트 고스와미[Amit Goswami], 『양자의사: 삶을 치유하는 의학』, 최경유 역, 북랩, 2017, p.122.

아픈 그리스도인은 "기름부음"의 2가지 의미, 즉 성례적 의미와 치료적 의미를 함께 적용하여, 우리 자신을 세상으로부터 구별되는 거룩한 존재로 만들기 위해 노력하면서, 동시에 적절한 의학적 도움을 받아야 한다. 물론 적절한 의학적 도움을 받는 일이 언제나 가능한 것도 쉬운 것도 아니다. 왜냐하면 켈리 터너가 말하듯이, 건강 관리나 질병 치료의 주도권을 병원과 의사에게 넘겨버리는 대부분의 환자들에게 "보통 의사들은 근본적인 해결보다는 겉으로 드러나는 증상만 감추는 약을 처방하거나 그렇지 않으면 부작용이 발생할 것을 알면서도 문제를 해결하려고"하는 경향이 많기 때문이다.[70]

제대로 된 병원과 의사를 만날 수 있도록, 그리고 그 병원과 의사를 통해 잘 치료받을 수 있도록, 또한 신유神癒Divine Healing를 통해 우리를 치유해 주시도록, 야웨 하나님과 예수 그리스도의 뜻을 알고 그 뜻대로 행하면서, "믿음의 기도"를 계속 드려야 한다.

야웨가 "치유하시는" 하나님이시라는 것(출애굽기 15:26)과 예수 그리스도가 "채찍에 맞음으로" 우리가 "나음을 받았다"는 것(이사야서 53:5/베드로전서 2:24)에 대한 온전한 믿음을 토대로 하는 "믿음의 기도"는 우리가 느끼는 통증이라는 감각의 증거에도 불구하고 계속 진행되어야 한다. "우리의 감각이 하나님의 말씀과 다를 때 우리는 우리의 감각의 증거를 무시하고 하나님의 말씀에 따라 행동해야"[71] 하고, 그렇게 할 때 야웨께서 우리를 치유하신다고

---

70   켈리 터너Kelly A. Turner, 『왜 불치병은 호전되는가』, 박상곤 역, 에쎄, 2021, p.61.
71   T.L.Osborn, *Healing the Sick*, Harrison House Publishers, 2022, p.112.

믿을 수 있다. 오스본이

> 성경적인 신자들이 몸의 치유를 위해 기도할 때, 그들은 육체적인 감
> 각은 무시하고 오직 하나님의 약속에 근거하여 치유를 받아들입니다.
> 그들은 치유를 담대하게 고백하고 주장하며, 그러면 하나님의 말씀이
> 약속하신 대로 치유가 나타나게 됩니다.[72]

라고 쓰고 있는 부분도 참고할 만하다. 또한 "믿음의 기도"와 함께, 병을 앓는
그리스도인은 같은 처지의 다른 사람들과 친교의 "안수"도 서로 나누고 [또
는 비유적으로 자신의 몸에 자신의 손으로 스스로 안수하면서], 야고보의 말
대로 서로 죄를 고백하며 치유를 위해 계속 함께 기도해야 한다.

예수 그리스도의 이름으로 야웨 하나님께 드리는 기도 그 자체가 죄와 병
의 원천인 악마와 악령들을 물리치는 "명령의 말"이 될 수 있다는 믿음도 중
요하다.

---

72 T.L.오스본[Osborn], 『성경적인 치유』, 김진호 역, 믿음의 말씀사, 2008, p.189.

베드로전서 4:10은 "각각 은사[gift, *charisma*]를 받은 대로 하나님의 각양 은혜[grace, *charis*]를 맡은 선한 청지기같이 서로 봉사하라"고 되어 있는데, 여기서 "은혜"는 하나님이 받을 자격이 없는 사람들에게 베푸시는 호의를 가리킨다. 로마서 12:6에서 "우리에게 주신 은혜대로 받은 은사(들)[*charisma(ta)*]이 각각 다르니"라는 말씀을 읽을 수 있다. 병 고치는 은사를 포함한 다양한 은사들이 우리 시대에도 여전히 있다고 보는 은사지속론continuationism과 더 이상 그런 은사들은 없다고 보는 은사중지론cessationism 사이의 대립이 있다.

은사지속론은 신약성경에 나오는 은사들이 지금도 계속되고 있다고 본다.[73] 은사지속론에서 중시하는 성구는 히브리서 13:8의 "예수 그리스도는 어제나 오늘이나 영원토록 동일하시니라"이다. 은사지속론은 우리 시대에도 예수님은 같은 방식으로 역사하신다는 믿음을 지닌다. 그리스도교 내부에서 발흥한 오순절-은사주의 운동은 은사지속론을 바탕으로 성령에 대한 개인적 경험을 교리에 대한 이해보다 더 중요시한다.[74]

은사주의는 성경 완성 이후에도 성령의 은사, 특히 신유를 포함한 방언 *glossolalia*과 같은 기적적 경험이 가능하다고 보는 은사지속론이다. 방언의 사회적, 종교적 기능에 대해 긍정적인 시각을 가질 수도 있겠지만 그것을 언어학적으로는 "언어"로 볼 수 없다는 관점이 있다. 이집트, 그리스, 인도, 중국 등에서도 샤먼 사제들과 같은 신비가들이 황홀경 속에서 신들의 계시라고 하

---

73   김신호, 『어떻게 해야 신유를 경험할 수 있나요?』, 서로사랑, 2011, pp.14-15.
74   오순절-은사주의 운동에 관한 부분은 정형철, 『기독교와 트랜스휴머니즘』의 pp.43-44를 인용한 것이다.

는 불가해한 구문들을 발성하는 현상들이 있었다고 한다. 언어학자들을 포함한 과학자들의 연구 중에는 방언을 최면 혹은 신경증의 산물, 부분적으로는 뇌전증의 형태 혹은 속임수라고 부정적으로 보는 것들이 있다.[75]

고린도전서 12:9의 "다른 사람에게는 같은 성령으로 믿음을, 어떤 사람에게는 한 성령으로 병 고치는 은사를…"에서의 "병 고치는 은사"를 현재도 그리스도인들은 가질 수 있다고 은사지속론자들은 주장한다. 은사주의운동은 신유, 방언, 예언이 성령의 증거라고 받아들이고, 기도, 열광적인 노래, 춤, 소리 지르기, 손과 팔을 들어 올리기, 병자들에게 기름 붓는 것도 포함하여 열광주의적 집회를 열곤 한다. 그런데 이것이 성경적인 것인가? 라는 물음이 생긴다.

---

75 방언에 관한 과학적 연구들 가운데 William J. Samarin, *Tongues of Men and Angels: The Religious Language of Pentecostalism*, Macmillan, 1972이 있다.

은사주의 집회 현장에서 나타나는 일종의 종교적 열광주의의 모습이 과연 성령의 역사인지에 대해 의심하는 사람들이 있다. 기적적인 일들의 영역에서 악령적 활동의 위협을 목격하는 경우가 있다고 한다. (인류 창조 이후에 야웨 하나님의 권위와 진정성에 대해 의문을 품게 만든 사탄의 음흉한 지배 계획이 은사주의 집회 현장의 열광주의로 드러나기도 한다는 시각이 있다.)

물론 성경은 황홀경적 경험의 치유력을 인정한다. 그것을 성령의 활동의 결과로 보는 관점도 있다. 엘리아데가 "나는 만물의 시원으로 노닐러 갔었다"고 말하는 노자의 일화를 소개하며 언급한 "회복"을, 맥락은 다르지만, 황홀경적 치유의 경험과 같은 것으로 이해할 수도 있다.

> 이러한 엑스터시[황홀경] 여행은 사물의 "시원으로"의 회귀를 내포한다. 시공으로부터 해방됨으로써 영혼은 삶과 죽음을 초월하는 영원한 현존을 회복한다. … 그 [노자]는 "세계의 중심"으로 비행한다. 그리하여 그는 "타락" 이전에 인간이 하늘로 비상하여 신들과 교제하던 낙원의 때를 회복한다.[76]

그러나 황홀경적인 "초자연적" 치유를 통한 "회복"은 야웨에 대한 믿음을 떠나면 우상숭배적인 것이 될 수도 있다.

76   미르치아 엘리아데, 『세계종교사상사 2』, 최종성/김재현 역. 이학사, 2010, p.48.

"은사주의"는 비판받게 되는 요소들이 있으나 오늘날에도 베풀어지는 하나님의 "은사" 그 자체를 부정할 수는 없을 것 같다.

이강천은 『신유 영성』이라는 제목의 책에서

우리가 병을 고칠 수는 없지만 … 자신을 치료의 하나님이라고 선포하신 하나님께 기도할 수 있고, 하나님은 기도에 응답한다는 약속을 주셨다는 단순한 원리… 병 고치는 은사나 직임은 특별한 소수가 가지고 있지만, 기도의 특권은 모두가 가지고 있지 않은가?[77]

라고 말하고 있다. 이것은 우리가 누릴 수 있는 "기도의 특권"에 대한 언급이면서도 동시에 "병 고치는 은사"가 지금도 특별한 소수의 사람들에게 주어진다는 은사지속론의 관점을 보여 준다. 반대로 은사중지론을 주장하는 사람들은 초대교회 사도들 이후로는 은사들이 중지되었고 사도들이 교회를 확립하는 과정에서 사용한 그것들이 성경이 완성된 이후로는 없어졌다고 보고 더 이상 성령의 기적적인 은사들은 없다고 본다. (한편 교회가 세속화되었기 때문에 성령의 활동이 교회 안에서 미약해졌다고 보는 관점도 있다.) 하나님이 기적을 행사하신다는 것을 부정할 수는 없고, 은사주의 집회에서 발생하는 기적 중 일부는 성령의 진정한 활동 결과일 수도 있다.

---

77 이강천, 『신유영성』, 쿰란출판사, 2020, p.80.

81

『어떻게 해야 신유를 경험할 수 있나요?』라는 제목의 책에서 김신호는

> 신유는 하나님 나라가 이 땅에 임했다는 강력한 증거이다. 하나님은
> 질병의 치료를 원하시기에 자신을 치료하는 하나님으로 선포하셨다.
> 예수님은 지상에서 복음을 전파하시고, 영혼의 병을 고치시고, 마음의
> 병을 고치시며, 육체의 병을 고치셨다. 치유를 통해서 많은 사람들이
> 예수님을 만났다. 예수님은 병자를 직접 고치셨을 뿐만 아니라, 그리
> 스도의 몸 된 교회를 위해 교회에 사도, 선지자, 교사, 능력, 병 고치는
> 은사 등을 주셨다(고전 12:28). 교회의 목사들과 지도자들은 적극적으
> 로 이러한 임무를 완수해야 한다. 정상적인 교회 안에서 신유의 역사
> 가 마땅히 일어나야 한다.[78]

라고 주장한다. 그는 은사지속론의 관점에서 신유를 비롯한 다양한 성령의
은사가 오늘날에도 지속되고 있다고 본다. 고린도전서 12:8-10에서 열거되
고 있는 성령의 은사들은 병 고치는 은사 외에도 지혜, 지식, 믿음, 기적의 능
력, 예언, 영의 분별, 방언, 방언 통역 등이 있다.

---

78 김신호, 『어떻게 해야 신유를 경험할 수 있나요?』, 서로사랑, 2011, p.288.

김신호는 신유를 경험하기 위한 조건들을 제시한다.[79] 은사지속론을 완전히 받아들이지는 않을지라도 그 조건들을 모두 비성경적인 것이라고 할 수는 없을 것 같다.

첫째, 죄를 회개해야 한다.
"자신이 지은 죄뿐 아니라 육신을 잘 관리하지 못한 것, 삶의 잘못된 태도와 습관들, 하나님이 보시기에 옳지 않은 생각들을 모두 회개해야 한다"(p.123).

둘째, 믿음이 있어야 한다.
"신유의 역사가 일어나기 위해서는 반드시 하나님을 개인적으로 만난 하나님의 자녀가 된 구원에 대한 확신이 있어야 한다"(p.128).

셋째, 하나님의 말씀을 듣고 지켜야 한다.
"하나님의 말씀 안에는 하나님의 생명이 있고, 그 생명이 우리를 살린다. …말씀은 하나님의 능력 그 자체이기에, 하나님의 말씀을 듣게 될 때, 그 생명과 에너지가 우리 속에 들어온다"(p.129).

넷째, 기도해야 한다.

---

79 같은 책, pp.117-151.

"하나님은 우리의 기도에 응답하시는 분이시다: '너희가 내게 부르짖으며 내게 와서 기도하면 내가 너희들의 기도를 들을 것이요 너희가 온 마음으로 나를 구하면 나를 찾을 것이요 나를 만나리라'(예레미야 9:12-13)"(p.134).

다섯째, 관념을 바꾸어야 한다.

"우리는 자신의 병이 나을 것이라는 믿음과 희망을 가지고 계속 간구할 때, 신유를 경험할 수 있다. 신유가 일어나기 위해서는 자신의 병은 고칠 수 없다는 관념을 버리고 끊임없이 병 낫기를 간구하는 것이다"(p.139).

여섯째, 순종해야 한다.

"순종은 기적을 불러일으킨다. 믿음을 행동으로 옮길 때 기적과 신유가 일어난다"(p.144).

일곱째, 믿는 사람의 도움을 받아라.

"간혹 병자 자신의 믿음보다는 주변 사람들의 믿음과 도움을 통해서 병이 낫는 경우가 있다. 하나님은 사람을 통해서 역사하신다"(p.147).

여덟째, 안수받는 것도 방법이다.

"오늘날에도 신유 집회에서 신유의 능력을 가진 사역자가 예수의 이름으로 병자에게 안수할 때 신유의 역사가 나타난다"(p.150).

이 조건들 중에서 특히 첫째, "죄를 회개해야 한다"라는 항목은 자신의 죄에 대한 고백과 회개만이 아니라 다른 사람이 나에게 범한 죄에 대한 용서도 수반해야 한다는 점이 언급되어야만 한다.

> 우리가 다른 사람에게 죄를 범했거나 또는 다른 사람이 내게 죄를 범했을 때 이를 용서하거나 용서받기 전까지는 치유나 다른 요구를 위한 기도가 쓸 데 없다. 우리가 죄와 허물을 고백할 수 있는 사람을 찾을 수 없다면, 우리는 주께 더 확실히 고백할 수 있을 것이다. 또 이 말은 고백하지 않은 질투, 시기, 증오, 또는 경멸이 완벽한 치유를 막는 유일한 장애물일 수 있다는 의미이기도 하다.[80]

신유와 같은 치유를 얻기 위해서는 먼저 자신의 죄를 고백하고 죄로부터 멀어져야만 한다는 것이다.

---

80   나다니엘 밴 클리브[Nathaniel Van Cleave], 『성령의 은사, 치유』, 정인석 역, 쿰란출판사, 2010, p.31.

신유를 포함한 치유를 불가능하게 하는 것은 치유하시는 하나님에 대한 불신
이며, 또한 자신은 죄가 너무 많아서 하나님이 자신을 치유하시지 않으실 것
이라고 생각하는 데에 있다고 보는 관점도 있다. 에베소서 2:7-8에서

> 이는 그리스도 예수 안에서 우리에게 자비하심으로써 그 은혜의 지극
> 히 풍성함을 오는 여러 세대에 나타내려 하심이라 너희는 그 은혜에
> 의하여 믿음으로 말미암아 구원을 받았으니 이것은 너희에게서 난 것
> 이 아니요 하나님의 선물이라.

는 말씀이 있는데, "선물"은 이어지는 9절에 있는 것과 같이 우리의 "행위"를
통해 얻는 것이 아니다. 이신칭의以信稱義와 연관된 로마서 3:22가

> 곧 예수 그리스도를 믿음으로 말미암아 모든 믿는 자에게 미치는 하
> 나님의 의[義]니 차별이 없느니라.

라고 번역되어 있는데,

> 이것은 곧 예수아 메시아의 신실하심[faithfulness]을 통해 그분을 계
> 속 믿는 모든 사람에게 오는 하나님의 의입니다(『유대인 신약성경』).

라는 번역이 그리스어 원문에 더 가깝다는 지적이 맞는 것으로 여겨진다. 즉 우리의 믿음보다 예수 그리스도의 믿음, 즉 "신실하심"이 더 일차적이라는 것이다. 야웨께서 우리를 의롭게 하신 것은 우리의 행동이나 믿음이 아니라 일차적으로 예수 그리스도의 "신실하심" 때문이다.

> 우리는 모두 메시아 예수아께서 우리를 죄의 노예 상태에서 구속하시는 행위를 통해서 하나님의 은혜로 값없이 그분 앞에 의롭게 되는 지위를 부여받았습니다. 하나님께서 희생 제물이 되어 피흘려 죽으신 예수아의 신실함을 통해 그분을 죄를 위한 *캅파라*(속죄소)로 지명하셨습니다. … 이것은 그분 자신이 의로우시다는 것과 그분께서 예수아의 신실하심을 근거로 사람들을 의롭게 하시는 분이심을 보여 줌으로써 이 시대에 그분의 의를 입증합니다(로마서 3:24-26, 『유대인 신약성경』).

그와 같은 이신칭의 혹은 칭의justification의 의의와 같이, 치유의 은사도 하나님의 "선물"로 우리에게 주어지는 것이라고 이해해야 한다.

케네스 E. 해긴은 신명기 28:60-61의

> 여호와께서 네가 두려워하던 애굽의 모든 질병을 네게로 가져다가 네 몸에 들어붓게 하실 것이며 또 이 율법책에 기록하지 아니한 모든 질병과 모든 재앙을 네가 멸망하기까지 여호와께서 네게 내리실 것이니.

라는 성구에 보듯이 우리의 질병은 "율법의 저주"라고 말할 수 있다고 보고, 곧이어 갈라디아서 3:13에 나오는

> 그리스도께서 우리를 위하여 저주를 받은 바 되사 율법의 저주에서 우리를 속량하셨으니 기록된 바 나무에 달린 자마다 저주 아래에 있는 자라 하였음이라.

를 주목하라고 권고한다. 그리고 나서 해긴은 다음과 같은 고백문을 반복해서 큰 소리로 말하거나, 혼자 있는 동안에 조용히 자신에게 다짐하듯이 독백하라고 권유한다.[81]

> "신명기 28:61에 의하면 나의 병고(구체적으로 자신이 지금 앓고 있는 질병)는 율법의 저주입니다. 그러나 갈라디아서 3:13에 의하면 그리스도

---

81   Kenneth E. Hagin, *Healing Scriptures*, chapter 4.

께서 저를 그 율법의 저주로부터 속량하셨습니다. 그러므로 그리스도께서 저를 그 병으로부터 속량하셨습니다. 따라서 저는 저의 병고로부터 벗어났음을 고백합니다."

해긴이 말하듯이, 하나님의 말씀은 약이므로 그것을 우리가 상징적으로 먹으면 그 말씀이 우리의 생명이 되고 치유를 가져다줄 것이라고 믿을 수 있으며, 그러한 외침이나 독백을 통해 아픈 그리스도인이 도움을 받을 수도 있을 것이다.

케네스 E. 해긴은 은사지속론의 관점을 지닌다. 그는 "몇 년 전에 어떤 지역에서 설교를 한 적이 있었습니다. ··· 그러던 어느 날, 주님께서 나에게 말씀하셨습니다"[82]라고 쓰고 있는데, 그와 같이 그의 경험담에는 주님의 음성을 직접 들었다고 하는 내용이 많이 포함된 것을 볼 수 있다.

그리스도인이 야웨 하나님이나 예수 그리스도의 음성을 개인적으로 직접 듣는다는 경험담에 대해서는 부정적인 시각이 있다. 그것은 자신의 내면에서 스스로 확신하는 다짐이거나 심지어는 어떤 악한 영의 작용이라고 보는 관점에 대해 고려해 볼 필요가 있다. 정이철은 하나님의 음성을 직접 직통으로 자주 들었다"고 강의하는 어떤 대형교회 목사에게

"특별 계시가 신구약 성경으로 종결되었으므로 목사님이 말씀하신 그런 음성과 환상 체험도 더 이상 나타날 수가 없습니다. 이것이 개혁신학의 가르침입니다."[83]

라고 말했다고 한다. 신디 제이콥스Cyndy Jacobs는

나의 사역이 성장하고 많은 기회의 문이 열려 기분 좋은 어느 날 하나님께서 말씀하셨다. '신디 너의 사역을 내려놓고 중보하는 법을 배우

82 케네스 E. 해긴[Kenneth E. Hagin], 『성경적 치유와 건강』, 오태용 역, p.108.
83 정이철, 『가짜 성령세례에 빠진 교회』, GNP Books, 2015, pp.13-15.

거라' … 이 시기에 배운 한 가지 원칙은 중보[intercession]는 배우는 것taught이라기보다는 사로잡히는 것caught이란 점이다. 이 말은 내가 조직적인 가르침을 받았다기보다는 현장에서 성령의 능력을 경험하고 그 일에 동참함으로 성장했다는 뜻이다.[84]

라고 쓰고 있다. 하나님의 음성을 직접 듣는다는 제이콥스의 말에 보이는 "사로잡히는 것"에 내포된 위험성에 대해, 제이콥스가 속한 신사도New Apostolic Movement운동에 대한 검토와 함께, 깊은 성찰이 필요한 것으로 보인다.

---

84 신디 제이콥스[Cyndy Jacobs], 『대적의 문을 취하라』, 박철수 역, 순전한 나드, 2008, p.21.

우리는 기적적 치유의 가능성을 적극적으로 믿는 은사지속론의 시각을 전적
으로 부정할 필요는 없을 것이다. 오스본은

> 사람들은 살아계신 하나님을 사모합니다. 남녀 모두 기적을 애타게 목
> 말라합니다. … 이와 같이 기적적인 것을 좋아하는 것은 무지의 표시
> 가 아닙니다. 오히려 이것은 보이지 않는 하나님과의 관계를 바라는
> 인류의 강한 열망을 나타내는 것입니다.[85]

라고 말한다. 오스본은 성경적인 치유를 받는 7가지 단계들을 정리하면서 이
점, 즉 기적의 시대가 지나가지 않았다는 것을 첫 번째로 들고 있다.[86]

> 첫째, 기적의 시대가 지나가지 않았다는 것과 육체적 치유는 오늘날에
> 도 그리스도의 사역의 한 부분임을 아십시오.
>
> 둘째, 성경 속 하나님의 치유 약속을 알고, 그것이 당신 개인을 향한
> 것임을 전적으로 확신하십시오.
>
> 셋째, 하나님은 그의 자녀들이 건강하기를 원하시며, 오직 사탄만이

---

85 T.L. 오스본[Osborn], 『기적: 하나님 사랑의 증거』, 김진호 역, 믿음의 말씀사, 2007, p.31.
86 T.L. 오스본[Osborn], 『성경적인 치유』, 김진호 역, 믿음의 말씀사, 2008, pp.210-211.

그들이 질병으로 고통받기를 원한다는 것을 깨달으십시오.

넷째, 성경적인 치유가 하나님께서 당신에게 주신 구원의 선물의 한 부분임을 이해하십시오.

다섯째, 그분의 약속을 따라 하나님께 치유를 구하고, 그분께서 당신의 기도를 들으심을 믿으십시오.

여섯째, 기도할 때 당신이 구한 것은 이미 받았음을 믿으십시오.

일곱째, 주님께 기도에 응답해 주셨음을 감사드리고, 그분의 약속을 따라 행함으로써 하나님의 말씀에 대한 당신의 믿음이 확실하다는 것을 표현하십시오.

오스본은 기적에 관한 소책자에서 다음과 같이 말한다.

믿음으로 예수 그리스도를 자신들의 치유자로 영접한다면 그들은 모두 치유받게 될 것입니다. 어떤 사람은 즉시 나을 것이며, 어떤 사람은 그들이 하나님의 약속을 믿었던 그 시간 그들의 질병은 뿌리가 죽을 것이며, 그들은 낫게 될 것입니다.[87]

---

87   T.L.오스본[Osborn], 『기적: 하나님 사랑의 증거』, 김진호 역, 믿음의 말씀사, 2007, p.123.

바울은 고린도전서 12:7-11, 28-31에서 성령의 은사들과 함께 치유의 은사에 대해서 다음과 같이 말한다.

> 각 사람에게 성령을 나타내심은 유익하게 하려 하심이라 어떤 사람에게는 성령으로 말미암아 지혜의 말씀을, 어떤 사람에게는 같은 성령을 따라 지식의 말씀을, 다른 사람에게는 같은 성령으로 믿음을, 어떤 사람에게는 한 성령으로 병 고치는 은사를, 어떤 사람에게는 능력 행함을, 어떤 사람에게는 예언함을, 어떤 사람에게는 영들 분별함을, 다른 사람에게는 각종 방언 말함을, 어떤 사람에게는 방언들 통역함을 주시나니….

다양한 성령의 은사 중에서 특히 치유의 은사는 "종들로 하여금 담대히 하나님의 말씀을 전하게 하여 주시오며 손을 내밀어 병을 낫게 하시옵고 표적과 기사가 거룩한 종 예수의 이름으로 이루어지게 하옵소서"(사도행전 4:29-31)에 보이듯이, 사도들에 의해 여러 현장에서 실행되었다. ("병 고치는 은사"라는 번역 때문에 특정의 사람이 신유의 은사를 소유하게 된다는 오해가 야기된다고 보는 시각이 있다. 치유의 은사는 아픈 사람에게 주어지는 성령의 선물이지 특정의 사람이 소유하고 행사하는 기적적인 능력이 아니라는 것이다.[88])

---

88   정인석, 『위대한 의사, 예수 그리스도』, 쿰란출판사, 2004, pp.132-133.

베드로의 경우 예수님이 나사로를 살려낸 것과 같이 죽은 사람을 살려내는 기적도 행할 수 있었다.

> 베드로가 사람을 다 내보내고 무릎을 꿇고 기도하고 돌이켜 시체를 향하여 이르되 다비다야 일어나라 하니 그가 눈을 떠 베드로를 보고 일어나 앉는지라 베드로가 손을 내밀어 일으키고 성도들과 과부들을 불러 들여 그가 살아난 것을 보이니 온 욥바 사람이 알고 많은 사람이 주를 믿더라(사도행전 9:36-42).

그와 같은 기적을 보면서 그 당시의 많은 사람들이 야웨와 예수에 대한 "믿음"을 갖게 되고 "위로"를 받게 되었다는 것을 우리는 이해할 수 있다. 예를 들면 스미스 위글스워스는

> 우리는 하나님께 가장 큰 영광을 올려드리기 위해 은사들을 열심히 간구해야 합니다. 오늘날에도 치유의 은사와 기적을 일으키는 은사가 나타나고 있습니다… 성령께서는 우리에게 거룩한 계시를 주셔서 우리가 병자들을 고칠 수 있게 되기를 원하십니다.[89]

라고 말한다.

---

89 스미스 위글스워스[Smith Wigglesworth], 『성령의 은사』, 박미가 역, 순전한나드, 2015, p.121.

나다니엘 밴 클리브는 『성령의 은사, 치유』의 "신유를 의심하는 자들에 대한 답변"이라는 장에서 신유에 대한 반대 의견들과 그 의견들에 대한 비판을 정리하고 있다. 신유가 과학적이지 않다는 비판에 대해서 그는

> 수천 년 동안 인간의 사건들 가운데 초자연적으로 개입해 오신 하나님은 그의 구속의 계획에 따라 우리 가운데 계속적으로 역사하신다… 하나님께서 치유하신다는 것, 오늘날에도 치유하고 계신다는 것은 완전히 그리고 과학적으로 믿을 만하다.[90]

고 반박한다. 하나님이 초기 시대에 진리와 그리스도교의 타당성을 확신케 하기 위해 치유와 같은 기적을 주셨으나, 그리스도교가 확립된 지금은 그와 같은 치유의 기적이 필요하지 않게 되었다는 시각에 대해서는 "많은 기적들은 예수의 권위를 보여 주기 위해서가 아니라 그의 동정심에서 비롯된 것임을 알 수 있다"[91]라고 함으로써 초기 시대에 그리스도교의 타당성을 확신케 하려는 목적만이 아니라 예수님의 동기가 연민에 있었던 것이라고 강조한다.

---

90 나다니엘 밴 클리브[Nathaniel van Cleave], 『성령의 은사, 치유』, 정인석 역, 쿰란출판사, 2010, pp.238-39.
91 같은 책, p.239.

오늘날은 예수께서 병자를 고치셨던 시대와 달리 의학이 완전해졌기 때문에 초자연적인 치유는 더 이상 필요하지 않다는 주장이 있는데, 이것에 대해 밴 클리브는 "신유는 단지 육체적인 축복만이 아니다. 그것은 보다 큰 영적인 축복이다"라고 말하고, 사도 시대 이후는 신유가 그쳤다는 주장에 대해서는 "이 주장은 사실이 아니다. 기도의 응답으로 주어진 신유에 대한 수많은 확실한 간증들의 역사적 기록들이 있다"[92]고 대답한다. 사실 사도 시대가 끝난 후 65년이 지난 주후 165년에 저스틴 마터로부터 시작하여 1750년에 감리교회를 창시한 요한 웨슬리에 이르는 많은 사람의 치유의 기록이 있다.

　그리스도인 사역자들도 병든 예들이 많다는 지적에 대해서는 "성경은 믿는 자가 결코 아프지 않을 것이라고 말하지 않는다. 그러나 믿음의 기도는 병든 자를 일으킬 것이라고 말하고 있다. 치유는 복종과 믿음 그리고 섭리의 때에 한정된다"[93]고 설득한다.

> 치유는 성령의 사역이다. 그것은 마술적인 만짐이나 천국의 묘약이 아니다. 치유는 때때로 죄의 고백이나 불법을 바로잡는 것을 요구한다. 치유는 다른 사람들과의 바른 관계를 맺을 것을 요구할 뿐만 아니라 우리와 우리 주님의 관계를 확고히 해 준다."[94]

92　나다니엘 밴 클리브[Nathaniel van Cleave], 『성령의 은사, 치유』, 정인석 역, 쿰란출판사, 2010, p.241.
93　같은 책, p.246.
94　같은 책, p.249.

91

R.A.토레이는 치유받게 되는 사람의 지속적인 믿음에 의존하는 치유를 하나님에 의한 치유, 즉 신유와 구별한다. 토레이는 신유가 아닌 치유는 신앙 치유, 즉 심리적 과정으로서 마음 치료와 같은 것이라고 본다.[95]

토레이는 하나님의 능력을 인간의 신앙으로 대체해 버리고 신체에 미치는 성령의 힘을 정신적 과정으로 대체해 버리는 것이 큰 잘못이라고 본다. 토레이는 운집한 군중들의 집회 현장, 즉 흥분한 사람들이 집단최면에 걸린 듯한 일종의 도가니에서 치유를 경험하는 것은 예수님이나 사도들의 치유와는 근본적으로 다르다고 지적한다. 악령적 요소와 유사한 최면적 요소를 비판하면서 토레이는 심령론/강신론spiritualism의 경향을 우려한다.

예수님은 신유 치유 집회를 열지 않으셨다. 물론 예수님이 군중 속에서 많은 사람을 치유하셨지만, 그런 집단적 모임을 광고하시지 않으셨다. 그 자신의 치유 능력의 대중적 현시를 최대한 피하셨다. 예수님은 단순한 질병 치유자가 아닌 영혼의 구원자이셨기 때문이다. 구원이 아니라 단지 치료를 위해 자신에게 몰려든 사람들이 오히려 방해가 되었으므로 그는 사막같이 한적한 곳으로 물러나시곤 했다.

---

95   R.A.Torrey, *Divine Healing*. Fleming H. Revell, 1924, pp.29-30.

엄히 경고하사 이르시되 삼가 아무에게 아무 말도 하지 말고 가서 네 몸을 제사장에게 보이고 네가 깨끗하게 되었으니 모세가 명한 것을 드려 그들에게 입증하라 하셨더라 그러나 그 사람이 나가서 이 일을 많이 전파하여 널리 퍼지게 하니 그러므로 예수께서 다시는 드러나게 동네에 들어가지 못하시고 오직 바깥 한적한 곳에 계셨으나 사방에서 사람들이 그에게로 나아오더라(마가복음 1:40-45).

베드로와 바울은 치유 능력이 있었지만 그것을 광고하지 않았다. 과장된 치유 능력의 광고는 비성경적이다. 그런데 스스로 신유 치료자들이라고 광고하는 사람들과 관련된 종교적 사기 행각들이 있으며, 거짓 치유의 결과들에 대한 소문들이 무성하다.

토레이는 자신이 치유 능력이 있음에도 불구하고 치유 사업에 뛰어들지 않는 두 가지 이유가 있다고 말한다. 첫째는 그것이 비성경적이기 때문이라는 것이다. 두 번째는 그보다 훨씬 더 중요한 일이 있기 때문이라고 덧붙인다. 그는 수천의 아픈 사람들을 신체적으로 치유하기보다 한 사람의 영혼을 구원하는 데 자신이 사용되기를 바란다고 했다.[96]

---

96   R.A.Torrey, *Divine Healing*, Fleming H. Revell, 1924, pp.52-53.

은사지속론자들은 하나님은 언제나 기도의 응답으로 치유해 주시는가? 의사의 능력이나 다른 사람들의 도움이 불가능할 때 그것들을 넘어서서 하나님은 우리를 치유해 주시는가? 오늘날도 기적을 행하시는가? 이런 질문들에 대해 "그렇다"라고 긍정적으로 대답한다. 물론 의학적 도움을 무시하지는 않는다.

> 약의 투여와 의료적 치료도 하나님께서 치유하시는 하나의 방법이므로 치유를 위해 기도하는 것이 이것들과 서로 상반되는 것으로 이해해서는 안 된다는 것이다. … 의사가 문제를 발견하고 효과적인 치유책을 발견하도록 기도하라. 하나님의 치유 능력에 대한 믿음이 의료적 치료를 수반할 때 치료는 더욱 잘 된다. 때때로 기도가 의술을 동반할 때 기적적으로 회복된다. 하나님이 함께하실 때에는 불가능이 없다.[97]

밴 클리브는 "우리는 사도행전과 서신서에서 치유 사역들이 끝나가고 있다는 단 한마디의 말도 발견할 수 없다. 예수 그리스도의 교회는 계속되고, 십자가 위에서 그리스도의 속죄의 죽음을 통한 모든 축복은 그가 다시 오실 때까지 계속될 것이다"라고 말한다.[98]

---

97 나다니엘 밴 클리브[Nathaniel van Cleave], 『성령의 은사, 치유』, 정인석 역, 쿰란출판사, 2010, pp.115-116.
98 같은 책, p.216.

우리가 야훼의 치유 능력에 대한 깊은 믿음을 지니고 기도하면서 동시에 적합한 의학적 치료를 받는 것이 치유를 위한 최선의 방법일 것이다. 이것은 "의학적 치유 행위와 교회의 진정한 치유 사역 간에는 갈등이 없다"고 보고 의학적 치유와 종교적 치유[비의학적 치유]의 협동을 중시하는 태도이다.[99]

물론 "적합한 의학적 치료"를 받기가 쉬운 일이 아니다. 양심적인 병원과 의사를 만나서 자신을 안심하고 내맡기는 것이 항상 쉬운 일은 아니기 때문이다. 비의학적 치유는 "그리스도인의 교제와 성령을 모시고 행동하는 사람의 사랑어린 관심의 결과"[100]로 나타날 수도 있지만, 예수님께 직접 치유를 의뢰하는 사람은, 혈루병을 앓았던 여인처럼, 그분과의 직접적 관계 속으로 자신의 온몸과 마음을 내맡긴다.

> 병을 완치하는 지름길은 자신의 병은 도저히 고칠 수 없는 중병이라는 관념을 제거하는 것이다. 우리 자신의 마음속에 '병을 쫓아내야겠다'라는 강한 의지가 있어야 쫓아낼 수 있다. … 하나님께서는 기대하고 열망하지 않는 사람에게는 역사하실 수 없다. 질병의 대속함을 받기 원하는 사람은 건강을 열망하며 기도해야 한다.[101]

---

99   M.T. 켈시[Kelsey], 『치유와 기독교』, 배상길 역, 대한기독교출판사, 1986, p.355.

100   같은 책, p.562.

101   김신호, 『어떻게 해야 신유를 경험할 수 있나요?』, p.140.

마태복음 1:21에서 "아들을 낳으리니 이름을 예수라 하라 이는 그가 자기 백성을 그들의 죄에서 구원할 자이심이라 하니라"라고 한 것과 같이, 질병만이 아니라 궁극적으로 죄로부터 구원하실 분이 예수 그리스도이시다. 물론 예수 그리스도는 언젠가 우리의 몸의 구원자로서도 오실 것이다. 그리스도인은, 그리고 이제 야웨와 예수에 대한 관심을 가지고 성경을 읽는 사람들은 우리의 몸이 부활되고, 완전해지며, 영광스럽게 될 것이라는 희망을 품고 기쁘게 "찬양하며" 살아갈 수 있다. 야웨를 찬양하며 살아간다는 것은 무엇인가? 다음과 같은 멀린 캐로더스의 말을 참고할 필요가 있다.[102]

> 찬양한다는 말은 어떤 것을 인정하며 확고히 믿는다는 말입니다. 인정을 한다는 말은 우리가 승인한 바를 받아들이고 공감한다는 뜻입니다. 그러므로 난관, 질병, 재앙으로 주님을 찬양한다고 하는 것은 문자 그대로 그러한 곤란이 야기됨을 인정하고 우리의 삶을 위하여 준비하신 하나님의 계획의 한 단면이라고 받아들인다는 뜻입니다. … 하나님은 당신과 나의 생활에 완전한 계획을 가지고 계십니다. 우리는 때로 주위의 환경을 돌아보고 영원히 이 괴로운 상태를 못 면한다고 말할 것입니다. 하나님께 도와 달라고 구하면 구할수록 그러한 괴로움은 누적됩니다. 그 모든 재앙을 없애달라는 기도 대신 우리가 있는 현 상태를 주님께 찬양할 때 비로소 그 전환점이 나타나는 것입니다.

---

102 멀린 R. 캐로더스[Merlin R. Carothers], 『찬송생활의 권능』, 민병길 역, 보이스사, 2001, p.12, 20.

어떤 존재를 인정하고 강한 예찬을 표현한다는 뜻인 "찬양하다"로 옮겨지는 히브리어 단어들은 "감사하다"라는 뜻을 지닌 "야다"*yadah*, "찬송하다"라는 뜻으로도 쓰이는 "자마르"*zamar*, "존경하다" 혹은 "영광을 돌리다"라는 "할랄"*halal*, 그리고 "축복하다"라는 뜻인 "바락"*barak* 등이다.[103]

> "여호와여, 내가 마음을 다하여 주를 찬양합니다[*yada*, give thanks]. 주께서 행하신 놀라운 일을 내가 다 말하겠습니다"(시편 9:1).

> "여호와여 주의 능력으로 높임을 받으소서 우리가 주의 권능을 노래하고 찬송하게[*zamar*, praise] 하소서"(시편 21:13).

> "할렐루야 그의 성소에서 하나님을 찬양하며[*halal*, praise] 그의 권능의 궁창에서 그를 찬양할지어다"(시편 150:1).

> "애원하는 나의 간구를 들어주셨으니, 주님을 찬양하여라[*barak*, praise]"(시편 28:6, 표준새번역).

---

103   "테힐라"*tehillah*(시편 34:1), "사바흐"*sabah*(시편 63:3), "토다"*todah*(시편 50:23) 등도 "찬양"으로 번역된다.

은사지속론의 입장을 옹호하는 정인석은 "제일 먼저 하나님께 기도하라. 그러고 나서 기도하면서 의술을 사용하고, 감사의 기도와 찬양을 드려라"[104]라고 쓰고 있다. 그는 예수 그리스도의 제자들의 치유 방법들에 대해 정리하면서 "기도," "기름 바름," "안수," 그리고 "권세 있는 말" 등 4가지를 열거한다.[105] "권세 있는 말"은 사도행전 16:18에서 "이같이 여러 날을 하는지라 바울이 심히 괴로워하여 돌이켜 그 귀신에게 이르되 예수 그리스도의 이름으로 내가 네게 명하노니 그에게서 나오라 하니 귀신이 즉시 나오니라"에서도 예가 보인다. 그런데 사도행전 14:8-10에서는

> 루스드라에 발을 쓰지 못하는 한 사람이 앉아 있는데 나면서 걷지 못하게 되어 걸어 본 적이 없는 자라 바울이 말하는 것을 듣거늘 바울이 주목하여 구원받을 만한 믿음이 그에게 있는 것을 보고 큰 소리로 이르되 네 발로 바로 일어서라 하니 그 사람이 일어나 걷는지라.

라는 구절에 보이듯이, "큰 소리로 이르되"와 같은 "권세 있는 말"의 힘과 함께 "구원받을 만한 믿음"의 중요성이 먼저 강조되고 있는 것을 볼 수 있다.

---

104 정인석, 『위대한 의사, 예수 그리스도』, p.248.
105 같은 책, pp.144-147.

"구원받을 만한 믿음"은 "내가 곧 길이요 진리요 생명이니 나로 말미암지 않고는 아버지께로 올 자가 없느니라"(요한복음 14:6)라는 예수 그리스도의 말씀을 받아들일 때, 또한 로마서 10:9-10에서 바울이

> 네가 만일 네 입으로 예수를 주[*kyrios*]로 시인하며 또 하나님[*theos*]께서 그를 죽은 자 가운데서 살리신 것을 네 마음에 믿으면 구원[*sozo*]을 받으리라 사람이 마음으로 믿어 의에 이르고 입으로 시인하여 구원에 이르느니라.

라고 한 말씀을 새길 때, 가능할 것이다.

그리고 동시에 데살로니가전서 5장 16, 17, 18절에서

> 항상 기뻐하라
> 쉬지 말고 기도하라
> 범사에 감사하라 이것이 그리스도 예수 안에서 너희를 향하신 하나님의 뜻이니라.

라고 말한 바울의 권고를 따르는 것이 치유와 구원을 위한 가장 바른 길이라고 할 수 있다.

히브리서 12:2의 "믿음의 주요 또 온전하게 하시는 이인 예수를 바라보자

그는 그 앞에 있는 기쁨을 위하여 십자가를 참으사 부끄러움을 개의치 아니하시더니 하나님 보좌 우편에 앉으셨느니라"라는 구절에서 보듯이, 예수께서도 "앞에 있는 기쁨" 때문에 형주에서의 고통을 견디실 수 있었던 것과 같이, 우리도 예수께서 재림하시고 하나님 나라가 시작될 때 우리가 누리게 될 "앞에 있는 기쁨"을 예상하며 현재의 고통을 참을 수 있을 것이다.

"앞에 있는 기쁨"은

> 너희는 말세에 나타내기로 예비하신 구원을 얻기 위하여 믿음으로 말미암아 하나님의 능력으로 보호하심을 받았느니라 그러므로 너희가 이제 여러 가지 시험으로 말미암아 잠깐 근심하게 되지 않을 수 없으나 오히려 크게 기뻐하는도다(베드로전서 1:5-6).

에 보이는 "말세에 나타내기로 예비하신 구원"의 전망에 의해 가능하다.

질병을 포함하여 여러 가지 고통이나 고난을 겪고 있는 동안에는 항상 기뻐하기가 쉽지 않지만, "당신이 받은 축복을 세어 보라"Count your Blessings라는 찬송가 가사와 같이 이미 우리가 받은 분에 넘치는 하나님의 은혜를 생각하면 언제나 기뻐하는 것이 어렵지 않은 일이라고 말할 수 있다.

의사나 의학을 통한 하나님의 치유도 있지만 하나님은 인간의 이해를 초월하는 기적적인 방법으로 치유하시기도 한다. 하나님은 현재의 과학적 탐구에서는 즉각적으로 식별되지 않는 수단들을 통해 활동하시기도 하기 때문이다.

"하나님께서 약속하시고 우리에게 주신 치유를 기도하고도 믿음으로 기뻐하지 않는 것은 그것을 받았음을 믿지 않거나 감사하지 않는다는 것"[106]을 뜻하게 된다. 또한 야고보서 1:2-4(『표준새번역』)에서 읽을 수 있는

> 나의 형제자매 여러분, 여러분이 여러 가지 시험에 빠질 때에, 그것을 더할 나위 없는 기쁨으로 생각하십시오. 여러분은 믿음의 시련이 인내를 낳는다는 것을 알고 있습니다. 여러분은 인내력을 충분히 발휘하여, 조금도 부족함이 없이 완전하고 성숙한 사람이 되십시오.

라는 말씀을 유념할 필요가 있다. 그렇게 하면 시편 10:10-12(『표준새번역』)에 보이는 다음과 같은 다윗의 노래를 들으며 하나님을 찬양하게 된다.

106　T.L.오스본[Osborn], 『성경적인 믿음』, 김진호 역, 믿음의 말씀사, 2008, p.194.

주님, 귀를 기울이시고 들어주십시오. 나에게 은혜를 베풀어 주십시오. 주님, 주께서 나를 돕는 분이 되어 주십시오. 주께서는 내 슬픔의 노래를 기쁨의 춤으로 바꾸어 주셨습니다. 나에게서 슬픔의 상복을 벗기시고, 기쁨의 나들이옷을 갈아입히셨기에 내 영혼이 잠잠할 수 없어서, 주님을 찬양하렵니다. 주, 나의 하나님, 내가 영원토록 주께 감사를 드리렵니다.

또한 "지금까지는 너희가 내 이름으로 아무것도 구하지 아니하였으나 구하라 그리하면 받으리니 너희 기쁨이 충만하리라"(요한복음 16:24)라는 말씀에 보이는 "구하라 그리하면 받으리라"를 이미 받은 것으로, 그 행복한 미래가 이미 실현되었다고 보고, 그렇게 생각하고 행동하는 것이 항상 기뻐할 수 있는 방법일 것이다.

A.W. 토저는 성령에 관한 책에서

> 최고의 기쁨이 무엇인가? 그리스도의 생명과 마음이 우리 안에 계신
> 다는 것을 의식하는 것이 아니겠는가? 그분을 의지하는 마음이 우리
> 속에서 자발적으로 솟아오르는 것을 깨닫는 것이 아니겠는가? … 주
> 위가 온통 어두움과 절망뿐일 때 승리의 노래를 부를 수 있다는 것이
> 최고의 기쁨이 아니겠는가?

라고 말한다.[107] 그가 설명한 "최고의 기쁨"은 『화엄경』華嚴經의 십지품十地品
[보살이 실천해야 할 10가지 덕목들]에서 첫 번째인 "환희지"歡喜地와 비슷한
경지라고 할 수 있겠다.

> 모든 보살의 10지에 이르는 길을 있는 그대로 가르치며 바라밀[완전
> 한 상태]의 청정한 가르침을 설하며, 보시報施로 이루어진 발심을 하겠
> 다. … 모든 중생계의 성숙에 힘쓰겠다. 넓고 좁고 크고 작은 모든 곳
> 에 두루 들어가, 제석천[일체의 악마를 정복하는 수호신]의 그물같이
> 시방[十方世界, 모든 시간과 공간]의 온갖 분별에 들어가는 지혜를 얻
> 겠다.[108]

---

107 A.W. 토저[Tozer], 『홀리스피리트/성령님』, 이용복 역, 규장, 2006, p.256.
108 김지견 역, 『화엄경: 구도와 보살의 길』, 민족사, 2016, p.168.

"모든 중생계의 성숙"을 위해 "넓고 좁고 크고 작은 모든 곳에 두루 들어가" 는 것은 마태복음 28장의 마지막 부문에서 하신 예수님의 지상명령至上命令The Great Commission, 즉 세상 모든 사람들에게 하나님 나라 복음을 전하고 그들을 그리스도의 제자가 되게 하라는 말씀과 같은 맥락에서 이해될 수 있다. 예수님의 말씀을 온전히 따르기 위해 우리는 성령의 도움을 간청해야 한다. 누가복음 11장 9장-13절에서

> 내가 또 너희에게 이르노니 구하라 그러면 너희에게 주실 것이요 찾으라 그러면 찾아낼 것이요 문을 두드리라 그러면 너희에게 열릴 것이니 구하는 이마다 받을 것이요 찾는 이는 찾아낼 것이요 두드리는 이에게는 열릴 것이니라 너희 중에 아버지 된 자로서 누가 아들이 생선을 달라 하는데 생선 대신에 뱀을 주며 알을 달라 하는데 전갈을 주겠느냐 너희가 악할지라도 좋은 것을 자식에게 줄 줄 알거든 하물며 너희 하늘 아버지께서 구하는 자에게 성령을 주시지 않겠느냐 하시니라.

라는 예수 그리스도의 말씀에서 "성령" 혹은 "야웨 하나님의 성스럽고 거룩한 호흡 혹은 숨결," 즉 "루아흐 하코데쉬"Ruach HaKodesh를 받게 되는 것이 성경적 치유와 구원의 신학에서 가장 중요한 일이다.

성경적 치유와 구원을 위해서는 매일 기도하면서 시편 107편 17절에서 22절
까지의 말씀을 묵상해야 한다.

> 어리석은 자들은, 반역의 길을 걷고 죄악을 저지르다가 고난을 받아
> 밥맛까지 잃었으니, 이미 죽음의 문턱에까지 이르렀다. 그 때에 그
> 들이 고난 가운데서 주님께 부르짖으니, 주께서 그들을 곤경에서 구
> 원해 주셨다. 단 한마디 말씀으로 그들을 고쳐 주셨고, 그들을 멸망
> 의 구렁에서 끌어내어 주셨다. 주의 인자하심을 감사하여라. 사람에
> 게 베푸신 주의 놀라운 구원을 감사하여라. 감사의 제물[sacrifices of
> thanksgiving]을 드리고, 주님이 이루신 일을 즐거운 노래로 널리 퍼
> 뜨려라(『표준새번역』).

우리는 기도, 예배, 그리고 봉사 등으로 드릴 수 있는 "감사의 제물"과 함께,
"단 한마디 말씀"으로 치유해 주시는 하나님의 약속에 따라 행동하는 믿음을
확고하게 지녀야 한다. "성경적인 믿음은 우리가 하나님의 약속은 선하시다
는 것에 너무나 설득되어서, 심지어 그것이 이루어진 것을 보기 전에도, 약속
이 성취된 것에 감사하고 그대로 행동하는 것입니다. 그러면 하나님께서 그
약속들을 이루십니다."[109]

---

109   T.L.오스본[Osborn], 『성경적인 치유』, 김진호 역, 믿음의 말씀사, 2008, p.195.

인용문헌

고스와미, 아미트[Amit Goswami], 『양자의사』, 최경규 역, 북랩, 2017.

김상운, 『왓칭: 신이 부리는 요술』, 정신세계사, 2011.

_____, 『왓칭 2: 시야를 넓힐수록 마법처럼 이루어진다』, 정신세계사, 2016.

김신호, 『어떻게 해야 신유를 경험할 수 있나요?』, 서로사랑, 2011.

김지견 역, 『화엄경: 구도와 보살의 길』, 민족사, 2016.

박경자, 『밥 짓는 시인 박경자의 암을 이기는 행복한 항암밥상』, 전나무숲, 2019.

밴 클리브, 나다니엘[Nathaniel Van Cleave], 『성령의 은사: 치유』, 정인석 역, 쿰란출판
　　　사, 2010.

보그, 마커스[Marcus Borg], 『기독교의 심장』, 김준우 역, 한국기독교연구소, 2020.

성서유니언, 『개역개정 에브리데이 스터디 바이블』, 2021.

엘리아데, 미르치아[Mircea Eliade], 『세계종교사상사 2』, 최종성/김재현 역, 이학사,
　　　2010.

오스본, T.L.[T.L.Osborn], 『성경적인 치유』, 김진호 역, 믿음의 말씀사, 2008.

_____, 『기적: 하나님 사랑의 증거』, 김진호 역, 믿음의 말씀사, 2016.

오스틴, 도디[Dodie Osteen], 『암에서의 치유』, 오태용 역, 베다니출판사, 2018.

위글스워스, 스미스[Smith Wigglesworth], 『스미스 위글스워스의 성령의 은사』, 박미가
　　　역, 도서출판 순전한 나드, 2015.

_____, 『스미스 위글스워스의 병고침』, 김광석 역, 도서출판 순전한 나드, 2015.

이강천, 『신유영성』, 쿰란출판사, 2020.

이송미, 『미라클: 당신이 기적의 존재인 과학적 이유』, 비타북스, 2020.

전홍준, 『나를 살리는 생명 리셋』, 서울셀렉션, 2022.

정이철, 『가짜 성령세례에 빠진 교회』, GNP Books, 2015.

정인석, 『위대한 의사, 예수 그리스도』, 쿰란출판사, 2004.

정형철, 『기독교와 트랜스휴머니즘』, 부크크, 2022.

제이콥스, 신디[Cyndy Jacobs], 『대적의 문을 취하라』, 박철수 역, 순전한 나드, 2008.

조병식, 『조병식의 암캠프 13일』, 보보인터내셔날(주), 2020,

주마니아, 『말기암 진단 10년, 건강하게 잘 살고 있습니다』, 에디터, 2022.

챈트리, 월터[Walter J. Chantry], 『오늘날의 은사주의 운동: 과연 성서적인가?』, 이용중
      역, 부흥과개혁사, 2010.

천소영, 『한국어와 한국문화』, 우리책, 2005.

터너, 켈리[Kelly A. Turner], 『왜 불치병은 호전되는가』*Radical Remission*, 박상곤 역, 에
      쎄, 2021

캐로더스, 멀린 R.[Merlin R. Carothers], 『찬송생활의 권능』, 민병길 역, 보이스사,
      2001.

켈시, M.T.[Morton T.Kelesy], 『치유와 기독교』, 배상길 역 대한기독교출판사, 1986.

하병근, 『비타민 C 항암의 비밀』, 페가수스, 2010.

해긴, 케네스 E.[Kenneth E. Hagin], 『성경적 치유와 건강』, 오태용 역, 베다니 출판사,
      2012.

Balzer, Tracy, *Thin Places: An Evangelical Journey into Celtic Christianity*, Leafwood
      Publishers, 2007.

Chopra, Deepak, *Quantum Healing*, New York: Bantam, 2015.

Crowder, W.D., *Three Miraculous Prayers of King Hezekiah*, iUniverse, 2013.

Gaiser, Frederick J., *Healing in the Bible*, Baker Academic, 2010.

Gordon, A.J., *The Ministry of Healing*, Fleming H. Revell, 1882.

Hagin, Kenneth E., *Bible Healing Study Course*, Rhema Bible Church, 1999.

_____. *Healing Scriptures*, Rhema Bible Church, 1993.

Hagin, Kenneth W., *Seven Hindrances to Healing*, Rhema Bible Church, 1980.

Hocking, G.J., *The Pentecostal Paradox*, Recourse Publications, 2019.

Keener, Craig S., *Miracles Today: the supernatural work of God in the modern world*, Baker Adademic, 2021.

Kydd, Roanald A. N., *Healing through the Centuries: Models of Understanding*, Peabody: Hendrickson, 1998.

Osborn, T.L., *Healing the Sick*, Harrison House Publishers, 2022.

Promey, Sally M. ed., *Sensational Religion: Sensory Cultures in Material Practice*, Yale UP, 2014.

Torrey, R.A., *Divine Healing: Does God Perform Miracles Today?*, Fleming H. Revell, 1924.

정형철

저자 정형철은 고려대학교 대학원에서 근대영문학 전공으로 박사학위를 받았으며, 미국 University of Georgia에서 비교문학 전공으로 박사학위를 받았다. 현재 부산외국어대학교 명예교수이다.

저서로는 『영미문학과 디지털 문화』(2008년 문화관광부 우수학술도서)와 『종교적 이미지의 형상적 기능』(2016년도 대한민국학술원 인문학분야 우수학술도서), 『시각적 이미지와 종교적 경험』(『종교적 이미지의 형상적 기능』의 개정판), 『종교와 트랜스휴머니즘』(2018년 한국연구재단 저서출판 지원도서) 등이 있으며, 역서로는 『비평적 실천: 포스트구조주의 문학이론의 이해와 적용』과 『들뢰즈와 시네마』 등이 있다. 또한 기독교와 관련된, 『예수는 누구인가?』, 『우리가 죽으면 어떻게 되는가?』, 『예수의 경이로운 목적과 주장』, 『하나님 나라는 무엇인가?』라는 번역서들과 『기독교와 트랜스휴머니즘』이라는 저서가 있다.

성 경 적   치 유 와   구 원 의   신 학

성경과 치유

초판인쇄 2023년 11월 17일
초판발행 2023년 11월 17일

지은이 정형철
펴낸이 채종준
펴낸곳 한국학술정보(주)
주 소 경기도 파주시 회동길 230(문발동)
전 화 031-908-3181(대표)
팩 스 031-908-3189
홈페이지 http://ebook.kstudy.com
E-mail 출판사업부 publish@kstudy.com
등 록 제일산-115호(2000. 6. 19)

ISBN 979-11-6983-804-7 93230